先生を救う
時間が増える
シンプル仕事術

小野隆行
Ono Takayuki

GAKUGEI MIRAISHA

まえがき

仕事は誰でも効率良くできるようになる。

これは、私が身をもって体験してきた実感である。

今でこそ、学級担任をしながら、週末は各地でセミナーの講師を務め、雑誌の連載や複数の本の執筆を抱えているような生活をしているが、最初からこのような仕事をこなせていたわけではない。

新卒採用当時は、研究授業の準備に3ヶ月も掛けたり、参観日の前日には深夜近くまで残って準備をしていたりしたものだ。提出物は、学校で一、二を争うほど遅く、通知表の完成は、締め切り日の勤務時間内にできたことはなかった。通知表が完成した日には、打ち上げと称して仲間と飲み会を開くのが常だった。

通知表の完成が、私にとって非常に大きな仕事だったことがわかる。

当時、参加したセミナーで、講師の先生の忙しい日常を聞き、あまりにも自分とは違う生活に途方にくれたものだった。

しかし、私は自分とはかけ離れた講師の仕事量の話を聞いても、「自分には無理だ」とは思わなかった。**「どうやったら、そんな仕事ができるのだろうか？」ということに興味を持った**のである。同じ人間なのだから、全ては同じにはできなくても、今よりもできるようになることがあると思ったのである。

この意識こそが、仕事が速くなるもっとも重要な点である。私には無理だと思われる方には、本書はおすすめしない。自分には何ができるかと考える方に、本書を手にとってほしい。そして、そう思っている時点で、**もう成功への道は約束されている。**当時の私がそうだった。

そこから、私は仕事の仕方「仕事術」に興味を持つようになった。そうなると、今まで見えなかったことが見えるようになってきた。

まず、校内の先生で仕事が速い人の行動が気になるようになった。

たくさんの校務分掌をこなし、6年生を担任し、それでいて定時の17時に帰宅する方がいた。決して忙しいそぶりは見えない。いつもゆったりとしていて、職員室でも冗談ばかり言っている。その先生が、なぜあんなに仕事が速いのかが気になって仕方がなかった。それまでの私のなかには全くなかった意識である。

ある職員会議のあと、その先生がすぐにコピー機に向かっていた。何をコピーしているかを覗いてみると、子どもの分担が書かれた掃除の表だった。

それは、先ほどの職員会議で出された入学式の掃除分担表だった。6年生が掃除をする場所とその人数が割り振られていた。その分担を職員会議中に、その場で書き込んでいたのだ。そして、それぞれの担当の先生に、どの子が掃除に行くのかがわかるようにコピーして渡していたのである。

このような「**仕事をその場で行う**」**という視点**が私にはなかった。いつも会議が終わってから、どうしようかと考えていたのだから、それでは差がつくわけだ。

さらにその先生は、自分の机に戻る前に、教頭先生のところに行って文書を渡していた。これも職員会議で出されていたアンケートだった。会議中に説明があったその場で書き込んでいたことがわかった。

仕事というのはその場で行うのだということを強烈に学んだ出来事だった。

自分のなかに視点ができれば、自分にもできるようになる。そこからは、その場でできることはその場ですることを意識した。

会議後の「掃除分担表作成」「アンケートの作成」などをその場で済ませれば、30分の時間が空く。それがうれしかった。「やった、30分も得をした!」というような感覚だった。本来であれば、これだけの時間がかかっていたものが、これだけ短縮できたと思うと仕事へのモチベーションも上がった。

そのような体験から、私は、「**時間は生み出すものだ**」**という確信にいたった**。

そこから、私なりに多くの工夫を加えて、今の仕事量がこなせるようになってきた。

本書では、学級担任の仕事や学年団の仕事から、体育主任や特別支援教育コーディネーターなどの校務分掌の仕事まで、どうすれば時間を生み出すことができるかについて紹介している。

また、慌ただしい学級開きの時期をどのように過ごすのかがわかるように、その時の子どもとのやりとりを日記風に綴っている。

さらに、学校外のＴＯＳＳの活動についても紹介している。日々の学校業務に加えて、週末のセミナーや雑誌・書籍などの原稿執筆をどのようにこなしているかということも、時間を生み出すという観点では参考になると思う。

教育界で働き方改革の重要性が言われるようになってから、しばらくの時間がたった。しかし、なかなか改善のめどが立っていないのが現状である。

教師は多忙を極める。新しい取り組みはどんどん学校に入ってくるのに、今まであった業務が減るわけではない。

多くの先生方が現場で奮闘をしている。そのような状況からか、今までにあまりなかった仕事術に関する講演の依頼もいただくようになった。そして、それが好評を博している。

そこから、学校現場で奮闘している先生方の役に立つことがあれば紹介したいという思いを持つようになった。

通知表の締め切りにも間に合わなかった私が、どうやって時間を生み出す仕事ができるようになったのか。

「時間を生み出す」というキーワードで本書をご覧いただきたい。

小野隆行

目次

第2章 学級・学校経営／教室環境

〜「黄金の3日間」から学年の仕事、校務分掌、教室掲示まで

第3章 実録！ 教科教育 99

～「感覚」「思考」「隙間時間」のフル活用で子どもの「できた！」を生み出す

第4章 行事指導 115

~子どもも保護者も納得！ 成功のヒケツ

第1章

働き方改革への対応策

~いま、求められる仕事術：ケーススタディと原則

01 「作業1」の前に「作業0」を仕組む

●「いつ」「どこで」「どれくらいの時間」で「何を」するか

(1)まず、定時に帰ることを決める

働き方改革の足を引っ張っているのは、教師の意識である。

法律で考えると、定時に帰るのは当たり前なのに、早く帰ることを良しとしない現場の風潮がある。それどころか、遅くまで残ることを美徳として考える風潮さえある。それらの意識を変革しない限り、働き方改革は一向に進まない。

私は、もともと商売の家系で育ってきた。家は縫製業をやっていた。子どものころから、家には業務用のミシンやアイロンが何台もあった。段ボールやガムテープなども山積みされていた。父親から常に言われていたのは、無駄を省くこと。明かりの消し忘れ、冷房、暖房の消し忘れなどは特に厳しく叱られた。そのような無駄なコストは、商売上、当然省かれなければならないからである。

その父親が、話していたことが今でも耳に残っている。

遅くまで職員室に明かりがついているのを見て、母親が「先生も大変ね」と言ったことに対して、こう言ったのである。

税金の無駄使いだ。民間だったら、家に持ち帰る。

子どもながらにショックだったが、当時はよく意味がわかっていなかった。教師になってそのことを思い出した。

正月は親戚が大勢集まる家だったが、みんな民間で働いていた。

そこでも教員に対しての風当たりは強かった。

「融通が利かない」

「コスト感覚がない」

「無駄が多い」

「税金を使っているから感覚が麻痺している」

などなど。

当然、そのことに賛成するわけではないが、「税金を使っている」という言葉は、なるほどと思った。

民間教育団体で活動していると、会議室を借りるだけで予算が必要になる。コピー1つ、封筒1枚使うだけでも全て費用がかかる。

一方、学校ではそのようなことを考えたことはなかった。残って仕事をするということは、税金を使わせてもらっているんだと感じてからは、できるだけ早く帰る努力を始めた。

定時で帰ると決めると、朝から逆算して仕事をするようになる。

次の章で紹介する「セットで行う仕事術」も、逆算して仕事を行う思考を身に付けてから編み出したものだ。

朝から逆算すると、仕事の処理の仕方が変わってくる。この時間でここまでできるな。とか、昼までにこれをすませておこうなどと、1日の時間を意識的に使うようになるのだ。

この思考のおかげで、早く帰っても仕事の質は下がらなくなった。

私の知り合いは、某業界最大手の企業で管理職をしている。その会社は全国全てで20時になると、全てのパソコンを会社側が強制的にシャットダンンする。

これは、毎日のルーティンでこなす仕事は、その時間までに終えるという意識付けのために行われている。それ以降にパソコンにログインして仕事を続けるのは可能だそうだが、何回か行うとそのログが残っているので、人事評価の低下につながるのだそうだ。

学校の仕事のほとんどは、毎年繰り返される業務である。テストやプリントの丸付け、学年通信、学年集会のプロット、校務分掌の仕事、そういったことは定時までに終えるべき仕事である。

そういったことを定時までにこなし、早く帰っている人はその人なりに必ず工夫をしている。そのような工夫を私は、真似して自分の物にしてきた。

私が実際に行っている仕事術を、いくつか紹介していきたい。

(2) 参観授業の準備はわずか15分

このところ、授業参観の準備に時間を掛けたことは一度もない。15分もあれば、授業の準備は全て終えられる。

しかも、**時間を掛けて準備していたころよりも、保護者の反応はぐっと良くなった。**

参観日の前日、翌日の準備に大忙しの同僚を横目に、私は定時に学校を出る。

これは、決して私が特別なのではない。インターネットランド（TOSS商標）を使えば、誰でもこのようなことが可能となる。

4月、初めての参観日。知的で、どの子も活躍できる楽しい授業がしたい。

さっそく、TOSSランドのトップページから、キーワード検索で「参観日」と入れてみる。すると、87件がヒットした。そのなかから、森下人志氏の「参観日に行う一字題一行詩」を選ぶ。文字通り、一字の題と一行の詩を作っていく。楽しくて、どの子も活躍できる参観日にぴったりの授業である。

そのページをプリントアウトし、ノートに貼った。発問指示が書かれているので、そのまま追試できる。これで、授業の準備は終了。時間にして、ここまでで5分。

時間調整のことも考え、「授業参観」というキーワードでも検索してみる。107件がヒットした。

そのなかから、「向山実践『漢字文化の授業』で保護者を巻き込む授業参観を！」を選ぶ。

ここには、有名な向山実践「口に二画をくわえてできる漢字」や「一画加えて新しい漢字を作る」などが収録されている。しかも、そのまま使えるプリントまでが用意されている。これは、ありがたい。

さっそく、指導案とプリントを印刷し、これもノートに貼る。これで、授業が早く終わった時の準備も完璧だ。ここまでで10分。

授業の準備のついでに、保護者会の準備も行う。今度は、「保護者会」というキーワードで検索。25件がヒットした。

なかでも、鈴木康一氏のTOSS保護者会サイトが素晴らしい。保護者が知りたいと思うような子育てや家庭教育の内容が、30以上もリンクされている。

私は、「テレビの視聴時間が長くなると、子どもにどんな影響が出るのでしょうか？」「伸びる子どものタイプとは？」の２つのページを選んでプリントアウトした。

これで、保護者会の準備も完了。ここまでで15分。結局、前日のお昼休みに全ての準備が終了した。

情報を上手に使いこなしてこそプロである。

ＴＯＳＳランドのおかげで、私の授業参観の準備は15分でＯＫとなった。

⑶テスト採点・成績処理のコツ

テストの点数は、手で書き込んでいる。その際、次のように行うことで、大幅に時間が短縮された。

①休んだ子は、名簿の点数を書き込む枠を、最初に赤の□で囲んでおく。
②テストは、例えば、１番だけを全員見ていく。１人ずつ全部丸を付けていくより、こちらの方が相当速い。
③まず、表の点数だけ付ける。その時、１００点の子と、そうでない子に分けておく。
④ここで、１００点でない子だけ、点数を書き込んでいく。
⑤裏を丸つけする。同じように、１００点とそうでない物とを分け、満点でない子の点数だけを書き込んでいく。
⑥１００点の子の枠は、何も書かない。

こうすることで、名簿への点数の記入がずいぶん速くなった。

しかも、名簿全体を見渡した時に、誰が間違えているのかが一瞬でわかる。平均点もすぐに出せるし、学期末の成績処理も一瞬でできる。これは、お薦めの方法である。

TOSSの指導で進めていくと、100点の子が増えてくる。だから、ほとんど点数を記入しなくていい状態になっていくのである。

手書きで90、95、98と付けていく。そうするとパッと見れば、平均点が90点を超えるなとか、95点を超えるなということがわかる。見た瞬間にわかる。ほとんどが「A」だからだ。

95点が評価の基準になれば、そこにマーカーで印をしておけば95点を超える物は「A」、そうでなければ「B」。「C」というのはほとんどない。「C」の子どもがいた場合は別の色で印を付けておく。

つまり、いちいち点数を平均化して出していくという作業が省ける。市販テストの点数が基準となるので、ほとんど100点、95点以上なので「B」が付くこともほとんどない。

所見は、ちょこちょことメモを取る癖を付けると良い。特に特別支援学級の場合、その子の発達として、できなかったことができるようになる瞬間がある。その時にメモを取る。名簿をノートに貼り付けておいて、そこに書き込んでおく。その際、文章が書き込めるように、名簿の枠は大きめに作成しておく。

例えば、視写ができなかった子ができるようになったらその時に書く。教材名も一緒に書く。「あいうえおまんじゅうの簡単な文を自分で写すことができました」と書いておくと、もうそれで所見になる。そのようなことを通常学級でも支援学級でも同じようにメモをする癖を付けておく。私は運動会の時でも、給食の時間に5～6人分を書いていた。

日常的にメモを取る癖を付けておくことが一番大切。

私は、必ず成績処理に役立つノートをいつも持ち歩いている。校外学習に行った際も持って行ってちょこちょこ書いていく。どんな場面でも書けるように、常にノートを持ち歩いて書ける状態にしておく。思いついたら書く。気が付いたらほとんど完成している状態なので、それを転記するだけで通知表が完成する。

一生懸命頑張ってしていると続かない。

書ける環境を作っておくことが重要なのだ。それが成績処理のコツである。

(4)宿題・提出物の処理は向山式で楽々ＯＫ

実は、夏休みの宿題・作品処理はらくらく終了する。

夏休み明けの1日を、私は次のように過ごした。

①作品発表会
向山式、ピンクの画用紙（Ｂ５の半分）に、赤の太マジックでコメント。

自分の作品を持って、教室の前で発表させる。頑張ったこと、苦労したことなどを話させ、その子どもが言ったことをそのままコメントとして記入していく。

例えば、「観察する時に、毎日記録をつけるのが大変でした」と発表したら、「毎日欠かさずに記録をつけた成果が、観察によく表れています」などと書く。

子どもの発表が終わった時には、コメントがすでにできあがっているイメージである。

2つ作品があれば、それぞれにコメントを書く。

ピンク色の紙に太い赤ペンで書くと、ぎっしり書いている印象がある。

このぎっしり感は、やってみないとわからない。

自由研究等の課題は、全て終了。

毎日、日記を書いたと言う子にも同じようにコメントを書く。いちいち〇付けはしない。

②コンクールに出す絵や習字、作文は初日にすぐ処理

応募票などが必要な物は事前にたくさん印刷しておき、貼っていない児童にはその場で書かせる。作文も同じ。

リサイクルコンクールの出品は写真が必要なので、その場でデジタルカメラで写し、プリントアウトして貼らせる。

このような**個々への対応を行う時、空白ができないようにしなくてはならない。**

私は学年の先生が印刷してくれた「2学期の目標」の用紙を書かせながら行った。これは、初日の早い時間に配り、明日までの宿題と告げる。そうすることで、遊ぶ子はいなくなる。

色を付けたりきれいにすること、あいている時間でやっていいことも伝える。これをやらせながら、「習字を持っていらっしゃい」「次は絵を持ってきなさい」などと進めていく。すると空白が生じない。

③学年で共通して出ている基礎学力系の宿題

1　夏のドリル

2　漢字練習

3　計算練習

それぞれ持ってこさせ、全体を見て確認の判子を押す。

家庭で行うことになっている丸付けができていない、やっていないところがあれば、チェックしている

時間にやらせる。これで、あっという間に終了。

職員室で、チェックや丸付けに追われている教師の多いことにいつも驚く。

「処理はその場で」が基本。その方がその場で直しもできる。

④作品発表会のあと、おみやげを子どもたちに分ける
この時は、チョコレート。これも向山式で行う。もったいぶってわたす。

「ドアを閉めなさい」

「窓も全部閉めなさい」

「小さな音もたててはいけません」

「ばれたら大変なことになります」

などと言う。

子どもたちの必死さがとても楽しい。教室に一体感が出る。

その後、国語・算数の勉強、夏休みの自由作品発表会で終了。

だいたいこんな感じで初日が終わる。

⑸通知表・指導要録は当然、学校で書く

TOSSで学び始めてから、通知表を家に持って帰って書いたことは一度もない。

しかも、勤務時間を超えて書いたことも一度もない。

システムさえできれば、時間内に書くことは誰にでも可能である。

ここでは、手書き時代の通知表をどのように書いたかを紹介する。

7月のある日の放課後、職員室に戻ると、通知表が学年主任の机の上に積まれていた(この年は改訂が遅れたため7月になってから届いた)。

それを、すぐに学年5クラス分に分けて配る。気付いた時に、すぐやるのが良い。「また今度」などとやっていると、ずるずる遅れることになる。

配り終えたら、すぐに通知表に印を押す。

勤務校の通知表には、児童氏名の箇所が3箇所ある。同時に、担任印、担任氏名印を押す。そして、クラス名と出席番号を書き込む。

このような仕事は、職員室で、学年の先生と話をしながらでもできる。だから、明日の打ち合わせなどが終わる時には、通知表関係の仕事は同時にできている状態になる。

次に取り組むのは、「あいさつができる」などの行動の記録。

ここを長い時間を掛けて悩んでいる人がいるが信じられない。そんなに考えたってそうそう変わる物でもない。

普段、毎日様子を見ているのだから、顕著なところはすぐにわかる。よって、どんどん押していく。

かかる時間は、印を押す物理的な時間のみ、10分もかからず終了。

次に、総合的な学習の時間の記録。

これは「単元名」と「所見」とがある。単元名は、学年で統一されていた。だから、学年会で確認したその場で書き始める。40名分書くだけの単純作業。その場でひたすら書く。

所見は、1~2行。これは、事前に子どもたちにアンケートを取った。

総合の時間に、「がんばったこと」をできるだけたくさん書きなさい。


と何も書いていない紙を配った。

それを参考にしながら、所見を書いていく、もちろん、こちらが学習中にメモをした物も活用する。

子どもが書いた紙は、出席番号順に持って来させる。その際、「クラスの当番」や「実行委員」なども書かせると良い。そうすれば、特別活動の記録の欄がすぐに書ける。

これもその日の放課後の時間＋わずかの時間で終了。

次に、もっとも時間がかかる所見。これは、「向山式」と「アンケート」方式で書いていく。

向山式とは、**ノート見開き2ページに、全員の子どもの名前を書き、そこに目立った何か、気付いたことを書きとめておく**のである。

例えば、運動会があれば、目立った子を何人かメモしておく。「誰よりも大きな声を出して、応援団として立派な演技ができました」というように、簡単な文で書いておくようにする。全員分書くのは大変なので、行事など何かがあったその時、その時で数名ずつ書いておく。

学期末には所見のデータがたまっていることになる。それを、そっくりそのまま写せばいい。

これを追試し出してから、所見の記入スピードが半分になった。筆が止まることがほとんどなくなるのである。ただ、普段の記録が足りない時のために、簡単なアンケートも取っておくようにしている。


前の学年と比べて、がんばったこと、できるようになったこと、自信が付いたことをできるだけ詳しく書いてごらん。

このように指示し、「勉強」「当番」「友達」などと簡単な項目を示して、書かせておく。これも所見で使える。ある時の所見は、テストをしている1時間とその日の給食時間、子どもたちが帰るまでの放課後の時間で男子が終了した。次の日に、同じパターンで女子も終了した。つまり、２日間で合計40人分を終わらせたことになる。

成績は、合計点を出す必要はない。学年で評価基準が決まっていた。

A……90点以上
B……89～60点
C……59点以下

これに、他の要素を加味し、多少の前後は認めるとなっている。

前述したとおり、私は、テストの点を手書きで付けている（18ページ参照）。テストは、ほとんどの教科で90点を超える。そうなると、満点の子の人数が増えてくることになる。

そこで、満点の子は記録には書かず、それ以外の子を記入するようにしている。45、40というようにである。休んだ子は、□でその欄を囲んでおけば、間違うこともない。

こうしておくと、パッと見ただけで、ABCがすぐにわかる。だから、個人個人の1学期分の合計を出すような必要は一切ない。いきなり印を押していく。これは早い。

図工は、評価をする日に、作品を机の上に置いて帰らせる。「さようなら」の挨拶のあと、すぐに評価↓印を押して終了。

習字は、授業時間に評価。体育は、記録表を参考にどんどん付けていく。

このようにすれば、1日放課後を使うだけで全て終了となる。

やり方次第で、誰でも勤務時間内に通知表を書き上げることができるようになる。

(6)その場でしかできないことを行う

職員会議や終礼は、職員室で行うことになっている。つまり、その時間は職員室の自分の席に拘束されることになる。そのような時間には、職員室でないとできない仕事を進める。

朝、職員会議の要項が配られていたので、教室に行きながら目を通す。おおよそ新しいことはない。例年通りである。

新しい内容であれば、前もってコピーしておく。一部を職員室に、一部を教室に置いておく。どちらでも確認できるようにするためである。

しかし、新しい内容でなければコピーの必要はない。

会議が始まる直前まで、パソコンで入力する仕事などを行う。そのために、**朝、パソコンを立ち上げてそのままの状態にしておく。このちょっとした準備が仕事のロスタイムを減らすことになる。**

通知表の入力、保健関係の入力、アンケートの入力など、単純作業で行うことを用意しておく。

つまり、そのような作業は、職員会議や終礼がある日に行うと決めておくといいのである。会議の終了時間と同時に続きを始めれば、クラスの入力関係程度であれば、すぐに終了する。

このような作業がない時は、会議の内容を先取りして行うようにする。何かのアンケートがあれば、その場で説明を聞きながら書き込む。

入学式の掃除の分担についての議題が出れば、その場でメンバーを割り振ってしまう。運動会の放送原稿の説明があれば、その場で手書きしてしまう。学年のなかで割り振りが必要なら、それもその場で各クラスの分担を決めて、各担任に伝えればよい。

全てが、その提案が終わった時にはできているイメージで臨む。

そのためには、要項を見て、必要だなと思う物を昼休みなどにコピーしておくと良い。

例えば、運動会の提案があれば、昨年の演技図や放送原稿などをコピーしておく。

そのような下ごしらえの準備ができれば、仕事はあっという間に終わる。

それを1つひとつやっているから、時間も労力もかかってしまうのである。

(7)年度末作業で新年度は楽々スタート

特別支援学級が毎年増えていった。転勤した年には3クラスだったのが、数年で7クラスになった。今後も増えていく。

毎年クラスを増設していくようになると、物品の移動だけでなく、特別支援学級全体の物を分けておく必要が出てくる。

例えば、教材教具。画用紙、紙、ペンといった文具類。バケツ、カゴ、レターケースなどの小さな物から、ついたてなどの大きな物まで様々ある。

こうした特別支援学級にある物を新年度になってから分けようとするとかなりの手間と時間をとられることになる。ゆっくりやっていると1日つぶれてしまう。

やはり春休みには一息つきたいので、休めるシステムを考えた。

１日の作業日で年度末作業と新年度準備を終える。

学年団全体の予定を確認し、年度末の1日を作業日に設定する。その日に、朝9時から1時間ごとに誰が何をするのかを一覧にした。この一覧表を作成することが成功の鍵となる。

大まかに、次のように作業を設定した。

①全体作業（物品の移動）
②個々のグループで作業
③中間確認会（昼食を兼ねて）
④個々のグループで作業（足りないところを手伝う）
⑤最終確認の会

①の全体作業は午前9時に開始。物品の作業を行うということは、当然、次の条件が必要になる。

物品が仕分けされていて、廊下に出されている状態になっている。

3学期の終業式の1週間前くらいから、各教室で物品をまとめておいてもらう。最後の2日ほどで、子どもたちと一緒に所定の場所に移動させておく。

それを作業日に物品の仕分け担当になっている人が、作業日までにある程度、仕分けておくのである。

必要な物、足りない物はあらかじめ購入しておいてもらう。

さらに、当日の勤務開始時刻は8時30分なので、作業開始までに時間がある。その時間を使って、各自が自分の作業を少し進めるようになる。

作業開始の9時には、もう先に進んでいる状態になる。

このような予備作業ができるような時間を確保しておくのがポイントである。

これで、作業開始と同時にロスなく作業が始められる。


「作業1」の前に「作業0」を行うように仕組む。

これが、作業を成功させる大事なポイントである。

02 セットで行う

「ムリなく」「ムダなく」「ムラなく」で時間が増える

(1)セットで時間は生み出せる

体育主任をしていた時、物理的に時間がかかることがたくさんあった。例えば、次のようなことに時間が費やされていた。

①遊具の点検
②運動場や砂場の整備
③体育倉庫の掃除、整備

これらを放課後に時間を取って行おうと思うと、すぐに1時間程度たってしまっていた。

そこで、何かをする時についでに行えないかと考えてみた。

「①遊具の点検」は、毎週月曜の朝に行われていた全校朝会で行うことにした。少し早めに運動場に出て、遊具を点検していくことにしたのだ。

これは非常に効率的だった。また、同時に他の先生も手伝ってくれるようになった。毎週確実に点検があること。そのうえ、複数の目で点検が行われることも管理職から喜ばれた。

さらに、点検時に、ビニール袋を持ってゴミを拾いながら回るようにした。これも非常に喜ばれた。

このような体験から、1つの原理に気付くことができた。


1つひとつの仕事をまとめてセットで行うことで、本来必要なはずの時間がかなり削られる。


「②運動場や砂場の点検」や「③体育倉庫の掃除、整備」は、自分のクラスの掃除場所として振り分けた。

運動会前には、これに校庭の石拾いなども加わる。

これで、掃除時間を中心に、体育関係の整備も完了することができた。

このように、体育主任の仕事をセットで行うことで、従来の半分程度の時間でできるようになった。

この時から私のなかに「時間を生み出す」という概念ができた。

(2)運動会のポイント打ちもセットで行う

運動会の準備で大変だったのが、グラウンドのポイント打ちだった。

主に、次のような仕事がある。

①色テープを必要な数だけ切って用意する。
②釘に色テープを付ける。
③設計図をもとに、釘を運動場に打っていく。

以前は、これらを体育部で行っていた。小さな学校だと体育部は2人ということもある。「①色テープを切る」だけで、1日の放課後がつぶれてしまう。

さらに、どこに、何色のテープの釘を打つのかを調整するのも大変である。長さを測って打っていても、実際に子どもたちが並んでみると、「広すぎる」とか「狭すぎる」とか、あとからの調整が必要だった。

これらも全て、何かとセットで行うことにした。

まず、①②の「色テープ付きの釘」は、掃除時間に運動場担当の子どもたちと作っていった。掃除時間だけで、あっという間にできた。

次に、運動場に釘を打つのは、実際の全体練習の場で行うことにした。全体を並べて場所を決めたら、そこで打つのである。

これなら、あとからの調整はいらない。結果的に、全体練習の時間にポイントの釘打ちも終了した。

これで、放課後3回分の時間を得したことになる。

やってみてわかったのだが、得をしたのは、時間だけではなかった。今まで、どちらかというと大変そうに仕事をしていた体育部の先生たちが、とても喜んで作業してくれたのである。**時間を生み出すことは、やる気を出すことにもつながる**のだと、この時に学んだ。

(3)他の行事とセットで行う

運動会が秋に開催される時には、その翌週から、陸上練習が行われることになっていた。

そのため、ハードルの位置やソフトボール投げの距離の位置などに、ポイントを打ち直す必要があった。

運動会のポイントを外し、さらに新しく陸上用のポイントを打つ。

同じような作業を何度も行うことを、苦痛に感じていた。

そこで、これもセットで行えないかと考えた。

運動会のあと、外したポイントの釘を使って、そのまま陸上用のポイントを打っていく。

この方法を採用した。

そのためには、いくつかの前もっての準備が必要になる。

例えば、釘に付ける色テープは、運動会のことだけを考えるのではなく、そのあとの陸上でも使えるように考えて作るようにした。

さらに、運動会の提案の際に、片付けの1つとして「ポイント外し」＋「陸上ポイント打ち」を入れた。

運動会では、多くのＰＴＡの方が片付けを手伝ってくれる。それを活用した。

たくさんの人手があるので、ポイントを抜くことはすぐにできる。それをそのまま、色ごとに決めておいた陸上種目の場所に持っていってもらう。

それぞれの場所で担当の教師を決めておき、必要な場所に、あらかじめ印を付けておいてもらう。そこへ、ＰＴＡの方が次々と釘を打っていく。

やってみると、今までやっていた片付けとほとんど同じ時間で、釘打ちまで完成した。

今までは、放課後に体育部と有志を募って作業を行っていた。作業するためにジャージに着替えるのは、みんな面倒に思っていた。

しかし、運動会の日はみな、もともとジャージである。こういう手間が省けることで、誰もが喜んだ。

(4)セットで行うことで「＋α」のルーティンを生み出す

尊敬する向山洋一氏から「子どもの靴箱を見なさい」と指導を受けた。

子どもの様子は靴箱に現れるのだ、と。子どもの様子は、自分の指導の反映でもある。

しかし、子どもの靴箱を見に行くという簡単な行為でさえ、続けるのは難しい。大切だとわかっていても、なかなか続かないのである。

そこで、これも毎日のルーティンとして、セットで行うことを考えた。そこで私がやったのは、

自分の靴を子どもの下駄箱に置く

ということだった。

これなら、無理なく朝と帰りに見ることができる。それ以来、私は自分の靴を子どもの下駄箱に置くようになった。

それからしばらくして、靴箱の様子の違いが見えるようになってきたのだ。ほんのちょっとした靴の乱れが、子どもの様子の変化に直結していることもあった。

これも毎日やっているからわかるようになったことであって、努力して見付けようと思うと、相当の労力を必要としただろうと思う。

また、同じように向山氏から教わったことも、朝のルーティンに加えるようにした。

それは、次のことである。

朝、交流に来ている特別支援学級の教室をのぞくこと。

当時、交流で来ていた子は、対人関係に強い不安を持つ子だった。集団に入ることが苦手で、交流の教室に入るのも、最初は難しかった。しかし、私が毎朝、教室をのぞくようになってから、だんだんと不安が軽減されていくのがわかった。

その子は数年後に、通常学級へと転籍することになった。

この時、私は保護者と担任の先生に非常に感謝された。子どものことをとても大事にしてくれていた、と。

しかし、私はたいしたことはしていない。やっていたのは、毎朝、特別支援学級をのぞいてコミュニケーションをとっていたことぐらいだ。

これも朝のルーティンとして続けられたのは、靴を置く場所を特別支援学級のそばにしたからである。毎朝の自分の行為に、セットで行うことで無理なく、続けられたのである。

(5)通知表の入力もセットで行う

通知表の入力は、パソコンで行うところがほとんどになった。

パソコンは、コピー&ペーストできるところが良い。

係の欄は、あらかじめ前学期全体をコピペしておく。それだけで「係」という文字を入力する必要がなくなる。

学習の評価や、行動の評価もあらかじめ、全てコピペしておく。それを元に、新しい学期の評価に直していく。

学習内容は違っても、そんなに大きく評価が変わることは少ない。よって、新しく全てを入力していくより断然速い。

特に、行動の記録などは、そのまま変化がないことが圧倒的に多い。

また、所見の欄もコピペしておくと良い。

内容はもちろん新しくなるのだが、前の学期に書いてある内容をいちいち調べる手間が省ける。前学期にこう書いていたなとすぐにわかるので、重複する内容を書いて、修正するといったことはなくなる。

これは、特に、特別支援学級の時に役に立った。

特別支援学級の通知表は全て所見で書く場合が多いため、重複を避けることができて便利だった。

03 ノート術

●「校務分掌ノート」「学級ノート」「まとめノート」で仕事が短く、確実になる

(1)３種類のノートを使いこなす

私はノートを基本的に３冊使用している。

1冊目が「校務分掌編」である。Ａ４ノート（40綴り）を使用している。学期ごとに1冊、年間３冊作成し、仕事に臨んでいる。これは、特別支援教育コーディネーターとしてのノートになる。

このノートに書いているのは、行事予定、各クラスの時間割表、各クラスの担任の名前、年間行事予定、50から60人ほどのケース会議、校内委員会の進め方、等々である。

特別支援関係はこの1冊持っていれば大丈夫という状態にしている。**情報をばらけさせないことが重要**である。

2冊目のノートは、学級のノートである。こちらはオーソドックスに、学級で行うこと、名簿、行事予定など、学級で必要なことに使っている。

そして、これら学校の仕事、ＴＯＳＳの仕事、自分のプライベートなことなどを全てまとめたのが、３冊目のノートである。

こうやって、３種類を使い分けている。

ここ10年近くいろいろ試してみてたどりついた、自分に一番あった方法である。

(2)年度当初のノート

校務分掌のノートも学級のノートも、**最初に開いた扉のところに大切なことをメモしておく。**

昨年までと違うこと、新年度４月になった時に忘れてはいけないことなどを、書き出して番号を振っておく。そうやって去年からの引継ぎが漏れることのないようにしている。

例えば、「4月に〇〇さんとケース会議をする」という情報、「〇月〇日に校内向けに文章を提出する」ということなどを記入しておく。

そのようなことを思い付くままずらっと書いていく。

次のページには、1年間を通して必要なことを書いておく。

例えば、学校の住所、電話番号、駐車場の番号、それから私は特別支援学級担任なので、各学年から何枚の文書(学年通信など)をもらうかを記入する。

また週番の班番号、1学期打ち上げの幹事があること、同僚会、鍵の開け方といったようなことも書いておく。ＰＴＡの集金が5月と9月なので、それも忘れないように書いている。

このページを見れば、こうしたことが全て、いつでもわかるようにしておく。

「学力の3要素」が出た年には、それも記入しておいた。「学力の3要素」といったことはいつも覚えておきたいことである。研究授業時に「学力がついた」という話題になった場合、「定義はこのようになっています」とすらすらと言えると良い。

今であれば、新学習指導要領のポイントなどだろうか。新しく出てきた言葉を頭だけでは覚えられないので、私はこのようにメモをして、何回か見るうちに覚えるようにしている。

このページはコピーをして、次の年のノートに貼り付けるようにしている。変えるところは、ごく一部。あとは書き足していけば良い。

私はこのように、最初に作成した物をコピーして取っておくようにしている。

(3)「年間行事予定」で会議・打合せ時間が3分の1になる

そのなかで、とても役に立ったのが特別支援学級全体の年間行事予定だった。

私が赴任した当初は何もなかったので、いったい何月にどんな準備をすればいいかがわからなかったのである。そこで、私が1年間に取ったメモを元に、見開き2ページにまとめたのである。

これは通常学級でも有効だ。

特別支援学級の場合、学級をまたぐ活動がかなりある。花壇に何を何月に植えるか、何月に苗を買うか、何月に肥料を入れるかなども記入しておく。そうしておかないと手間になる。

私の勤務校には、特別支援学級が6〜7クラスあるので、花壇や肥料が結構な数になる。前もって、いつ何が必要かがわかっていると、見通しを持って準備できる。

また、特別支援学級独自の活動もある。調理実習、体育の行事などである。これらも前もって予定していないと、通常学級の活動と時期がバッティングしてしまうことがある。それを避けるためにも、このような具体的な年間行事予定が必要なのである。

この年間行事予定を作成したのは、転勤して２年目の４月である。年度当初の職員会議の際に作成した。職員会議で出される様々な予定や担当を見ながら作成することで、漏れがなくなる。

また、ここでとても重要なことがある。

担当者の名前を入れること。

各行事や活動ごとに担当者の名前を入れていくのである。

これも分掌の担当などを基準に決めれば、文句は出ない。これをあとから話し合ってからと考えていると、膨大な時間がとられる。前からいる職員が大変なところを受け持って、新しい職員の仕事を軽くしておけばいいだけのことである。

また、**昨年度まであった取り組みで今年は行わない内容も入れておく。そして、そこを二重線で消しておく。**こうすると、「前はあったけど今年はない」ということがわかる。これがなければ、「あれはどうなったかな？」とか、「今年もやるつもりだったのに」などという発言があとから出てくる可能性がある。

この資料は学年の先生方にとても喜ばれた。新しく特別支援学級の担当になった先生は、この年間行事予定をいつも手放さずに見ていた。

その結果、余分な会議や打ち合わせが大幅に減った。転勤した1年目に比べると、３分の1程度になった。

そうして生み出した時間で、授業の準備や文書処理などを行うことができた。

(4)水泳指導のノート術

特別支援学級で大変なのが水泳指導だ。

子どもたちは泳力が1人1人違う。苦手なことも違う。だから、誰がどこでどの子を教えるかという分担を明確にしなければならない。

また、難しいのが着替えである。男子と女子をどのように分けて着替えさせるかを考える必要がある。さらに学年もバラバラなので、1年生や支援が必要な子に誰が付くかという計画も必要である。

また、着替え自体に時間がかかるので、何時から始めるかということの共通理解もいる。

これらを私は、見開き2ページでノートにまとめている。そして、それを学年全体に配るようにしていた。

ノートには、

「時間」「場所」「分担」の他に、指導の流れ

を明記している。

「1　クラスごとに靴、タオルを置いてシャワー」

他のクラスを待たずに、クラスごとにそろえば出発する。早く行けば早く行くほど早く泳げる仕組みになっている。待たせるから、子どもたちが安定しなくなる。

「2　準備運動→プール指導（小・大プールに分かれる）」

準備運動は私が担当になった。全員そろってなくても始める。どんどん早くしていく。

子どもたちは慣れれば、どんどん早くなっていく。それを取り上げて褒めていく。

「待たない」が一番のキーワードである。

(5)学年会のシステムも

「特別支援学級の学年会」の資料も、主任ではない私が作っていた。「今日は何をしましょうか、何がありましたか」から始めたのでは、時間はいくらあっても足りない。

箇条書きでいいので、必要なことをノートに書いておく。

それをコピーするだけである。給食時間などの余った時間で作成可能だ。

しかも、これは年間行事予定に基づいて作成しているので、そんなに大変な作業でもない。そのうえで、主任が伝えなくてはいけないことがあれば、意見を出してもらっていた。

その結果、それまでは1時間かかっていた学年会が10分で終わるようになった。

04 休みを取るのも仕事術の１つ

●「しっかり休むこと」「うまく休むこと」

(1)思い切って休む

ウイルス性の胃腸炎で休み。翌日も休み。

よく、休む時に必要以上に悩む人がいるが、私は何とも思わない。

変えられないことは悩んでも仕方がない。

休む時はしっかり休む。

(2)補教の段取りを

病院でインフルエンザの診断。家族からもらったようだ。

前日、少し寒気がしていたので、今日と明日の補教の内容をメモに書いて、教卓に貼って帰っていた。

なので、学校に電話して、それを伝えれば大丈夫。

手間を取らせない

これもちょっとした仕事術。調子が悪い時は、こうやっている。

インフルエンザ明けの学校。山のような書類や丸つけ待ちのプリント。「即処理」「あとで処理」「処理しない物」に分ける。

丸つけは、モデルだけ作り、全て支援員さんにお願いする。できた物から、前に持ってきてもらうようにする。配るのは子ども、直しの丸つけは私とすると、ちょうど時間差がついて良い感じになる。

隙間時間に、あとから処理する山を次々と処理。1時間目の終了時刻には全て終わる。

私が不在の間、支援員さんに学習内容や欠席・遅刻などの記録をお願いしていたので、時数計算も出欠の打ち込みも20分休みで終了。これも仕事の仕方。

久しぶりに家の外に出たのでフラフラ。体力がなくなっている。

(3)夏休みの懇談

夏休みは連日、懇談が続く。結局、毎日、学校に行くことになる。

懇談は教室で行う。岡山市は学校にクーラーがないので、35度を超える教室で行う。1日10件近く。

政府からクーラー設置のアナウンスが出たが、今のところまだ設置されていない。

少しでも温度を下げたい。朝、まず教室に行って窓を開け、天井に2台備え付けられている扇風機をフル稼働で回す。が、当然、私物も持ち込む。懇談中は、風が保護者に当たるようにする。

懇談と懇談の間は必ず補水する。そうしなければ倒れる。

(4)夏休みの職員室での仕事

8時30分に出勤してからの動きを並べる。

①時数報告：ずいぶん前に出して主任にあずけておいたが、学年でそろえる必要があるということで、その修正。

②児童の長期欠席報告書提出：起案に出してチェックを受けていた報告文書が返ってきたので、すぐにメールで市の教育委員会へ送る。

③校内文書：3件ほど。

④長欠報告の2学期・3学期の仕組み作り：もう1人いる担当と今後の仕事の割り振り。相手の仕事も95パーセントまで段取りしておく。

⑤同僚のお祝いメッセージ：結婚する同僚へのお祝いカード。その場ですぐに書く。

ここまでで約30分。そのあと、9時から学年会。

1年の学年会を3回行いたいと主任から言われていた。どうしようかと話していたので、日時も私が仕切って決めた。

①懇談がある日で、午前に全員があいている日　↓　決定
②8月の私が行う特別支援研修の日　↓　研修が終わってすぐ行うことに決定
③8月末　↓　職員会議のあとに決定

ということで1回目の内容は次の通り。

①２学期の行事分担
「名前をすぐ入れましょう」と仕切って決定。私が多く受け持てば文句は出ない。
②いくつかの夏休み中の仕事の日時決め
・補導、校外学習の下見
・保育園、幼稚園との打ち合わせ会
全て学年会がある日に決定。これで余分に来なくていい。
③研究授業
内容の検討と、全員公開のため日程を相談。
11月に行う予定だが、８月10日までに報告しなくてはいけない。
これもその場で私が仕切って決定。
④そのほかの文書確認、仕事分担について
・すぐに担当者名を入れる
・９月学年だより
・教室の備品調査について
・時数報告

学年だよりは作ってあったので、回覧をお願いしたところ、たいへん驚いていた。

これぐらい物は隙間時間ですぐにできる。

備品調査と時数報告は作成済み。提出していいかを確認。必要な人にはコピーしますと言うと、何人かがその場でメモを取っていた。

このように、何事も少し早めに進めておく。

(5)ゴールデンウィークの仕事

ゴールデンウィーク中に、学級をカスタマイズする。

①席替え。「この子とこの子は一緒にしない」「この子の席は教師の前に」など、３週間で見えた様子から、教師が決める。ゴルデンウィーク明けの初日に発表。初日だから文句は出ない。

②システムの不具合を変更。給食当番の仕事が余っているので、それを変更。これも初日に発表。

③習字道具と絵の具の置き場所がないので、棚を買って、廊下に置く予定。その時しかできないことをしておく。

このほか、プライベートでしておきたいことがある。

衣替えと断捨離である。ここでしかできない。ゴミ袋5袋分の服と、ゴミ袋２つ分のゴミ。合わせてクリーニングも大量に。しまう時はお店のようにきれいにたたむ。この一手間が秋と冬に時短になる。青でも濃いのや薄いのを、色ごとに分けておく。

使っているうちに、収納位置やたたみ方が段々と適当になってくるので、衣替えの時にだいたい直しておく。これも仕事術。

第2章

学級・学校経営／教室環境

～「黄金の3日間」から学年の仕事、校務分掌、教室掲示まで

01 学校一、大変な児童がいる学級を担任する

●「実践」の記録から見えてくる「黄金の３日間」の仕事術

この章では、４年生児童で、学校一大変で手のかかる児童を担任した時の日記をもとに、３日間の記録を紹介する。

(1) 初日

アドバルーンをにこやかにたたく。

４年生、ＮＯ．１の子、Ａ君。髪の毛は金髪。

去年は暴力をふるい、反抗し、教室を抜け出すこともあったという。

今日が初日。

アドバルーンが次々とあがる。しかし、初日なので簡単にたたける。

まず、１つ目。

クラス替えをして、下駄箱や荷物の移動になる。

新しい靴箱の前に来て、子どもたちを座らせる。

「混雑するので、並んでいる順番に行きます」

そう言うと、さっそくＡ君は先に行こうとする。

それにつられる子も数人。

わざとやっているのではなく、衝動的に動いている感じだ。

なので、個別に指導するのではなく、全体への指導を選択した。

全員を元に戻して、全体に私の指示を確認する。

指示を覚えていた子を大いに褒める。

「よくなかったあと、ちゃんと正しくやり直せる人が優秀なんだ」と話し、順番に行かせる。

A君ももちろん、順番を守る。

「みんな、立派だなあ」とここでも褒める。

2つ目。

席を出席番号順に決めていく。

A君は、当然、一番前になるように仕組んでいる。自分が前だとわかり、さっそく不満の声をあげる。

「あ〜、俺が一番前だ！　なんでだあ!!」

すかさず、笑顔で対応。

「そうか、その席が嫌か！　それはかわいそうだ。変えてあげよう」

と、教卓の横のスペースを指す。

すると、「嫌だ嫌だ、そこは嫌だ」と言う。

さらに笑顔で、もう一歩詰める。

「遠慮しなくていいよ。特別席だよ」

A君は、さらに拒否する。そこで、やさしく一言。

「そっちの席の方がいいの？」

A君は、すかさず　頷く。

「残念だなあ。先生　A君と近付けるからうれしかったのに」

と言うと、にこにこしていた。不満は知らないうちに消えていた。

３つ目。

A君の列の子に、教科書を運んでもらうよう指示。

A君は喜ぶ。しかし、そのあとで、残りの人に私の荷物を運んでもらうように指示したら、様子が一変した。

「俺、運びたい。代わってていい！（隣の子を指さして）この人と代わる！　いい？」とせがむ。

「ああ、そうか。運びたいんだ」

（うん、頷く）

「これはね、もう決めたことだから変えられないんだ」

（間を空けず、次の言葉を強く言う）

「でも、うれしいなあ。先生の荷物を運んであげるって気持ちがうれしいなあ。じゃあ、今度、先生のとっても大事な物を運ぶ時に、A君に頼んでいいかなあ？」

そう言うと、「うん」と頷いた。

「A君と一緒になれて、うれしいなあ」と言いながら、そのまま、教科書を取りに行く。

A君はご機嫌だった。

４つ目。

机の高さを身長に合わせた。男女に分けて、だいたいの背の順に並ばせる。

そして、大きい子から高い机にどんどん座らせていく。

ここでもアドバルーン。

「俺、さっきの高さがいい」とA君はつぶやいていた。

順番に高い机を選ばせていくと、A君は高い机になった。それがわかったA君は、その場に寝転んで動かなくなった。

暴れてもいないので、そのまましばらくそっとしておく。

周りの子が注意しようとするので、

「いいんだ。いいんだ。大丈夫だよ。A君は切り替えられる人だよ」

と、やさしく語り掛ける。

高い席が埋まったので、あとは自由にあいてる席に座らせた。

そのどさくさに紛れてA君を抱き起こし、スキンシップしながら席の方へ移動した。

途中から自分で動いたので、「さすが！」と褒めた。

5つ目。

配付物を並べて、順番にとらせる。7枚を3回ほど。

3回目を取り終わったあと、友達のところに行って、おしゃべりをしている。

立ち歩いている子が他にも数人。ここは、全体に指示。

「今日、一番大事なカードを配ります。

これがないと、お家の人は学校に入れません。

姿勢の良い列から、配ります」

そう言うと、「おい、A！　やばいよ。早く早く!!」と周りの子が声を掛ける。

A君も慌てて席に戻った。

A君に目を合わせてにっこり笑う。

「よく、気がついたね」とほほえむ。

結局、一度も注意することなく、アドバルーンに対処。A君も終始にこやか。

「返事の大きさ」

「一番に手をあげた」

「先生の方をよく見てる」

「積極的だ」

「すぐに直そうとするのがいい」

「帰りの用意が早い」

「お礼が言えた」

「ごめんが言えた」

こんなふうに、何度も何度も褒められた。

帰りに、子どもたちに、

「今日1日、一緒にいて、小野先生はどんな先生だと思いましたか？」

と聞いた。

ほとんどの子が、「やさしい」「おもしろい」などと答える。「こわい」はゼロ。

そんななか、A君がこう言った。

「なんか、情熱的な先生！」

「それ、いいなあ！　あたってるよ」

と言うと、ニコニコしていた。

最後は、何度もジャンケンをせがみ、楽しそうに帰って行った。

(2) 2日目

2日目は、強めのアドバルーンをたたいた。

退任式。長くなる。途中でおしゃべりやちょっかいを出す。

じ〜っと見ていると、こちらに気付く。

すぐに、必要以上に良い姿勢をしようとする。

笑顔で「うんうん」と頷くと、上がっていた肩がすっと下がる。表情も柔らかくなる。

これを**必要以上に注意するから、イライラしてくる**のだ。

今日は、国語で扉の詩を読んだ。

追い読み、交代読み、1人読み。

〇10個のシステムを教えた。

教科書の題名の横に、鉛筆で〇を10個書かせる。学校で読んでも家で読んでも1つ赤鉛筆で塗ることを教えた。

扉の詩は短いので、すぐに〇がたくさん塗れることになる。

予想通り、やる気まんまん。

1人で練習する時間。

何度も途中でつっかえていた。

すると、イライラし始める。

「もう、なんでだ。むかつく」

当然、笑顔。

「大丈夫、大丈夫。最初は誰でも上手く読めない。先生でもそうだ。だから、練習するんだよ。でも、A君は何度も練習して、やる気がすごいなあ」

そう言うと、また、取り組み出した。

昨日、観察していると、どうも何かに熱中すると切り替えが難しいようだった。

だから、今日は、これを中心に入れていく。

「鉛筆を置きなさい」というような指示を意識的に多く出す。

そして、そのたびに、早くできた子を大いに褒めていく。

また、すぐにやり直そうとした子も褒める。

帰るころには、意識的に自分で切り替えようとしているのが伝わってきた。

しかし、今度ははりきりすぎて、スピードをとにかくあげようとしている。急ぎすぎると、

焦って色鉛筆がバラバラと下に落ちてしまう

というようなことが起こる。それがイライラの元になる。

だから、制御も入れる。

「いいんだよ。焦らなくて。すぐにやめようという気持ちが大事なんだ。A君のやる気は、先生にとっても伝わってる」

そう言うと、すっとこわばりがなくなった。

体育館での対応と基本的に同じ。注意する必要はない。その子の気持ちに同意してあげればいいのだ。

詩を黒板に書いて、消していった。

最初は、一番下の言葉だけ消す。そして、一斉に読ませる。次は、もう少し消す。そして読ませる。

最初は簡単だったのが、だんだんと難しくなっていく。最終的には、各行の上1文字だけを残す。

子どもたちは熱狂状態。

「もうできないでしょう。きっと無理だ。先生に、『参りました』って言いなさい」と言うと、

「はい、先生。参りませ～ん」とユーモアたっぷりのA君。

周りの子も大爆笑。いい雰囲気。

成功したあとは、ガッツポーズをしていた。

このような状態だと、少し強めのアドバルーンも大丈夫。

帰りに、ランドセルについているキーホルダーとお守りを見せてもらった。規則では禁止になっている。

それを外させることにした。

A君は、持ち物がどんどんゆるんでいくタイプ。昨年はエアガンを学校に持ち込んで大騒ぎになった。

簡単な物のうちにたたいておく。

以下は、その時のやりとりだ。

「A君、キーホルダーもお守りも、かばんのなかに入れることになっているよ。だから、入れなさい」

「うん、また、今度入れる」

「ここは学校です。今、入れないと帰らせるわけにはいかないんだ」

「わかった、帰ってから入れる」

「今じゃないと、ダメなんだ」

「下駄箱のところで入れる」

「今、入れて。ルールだから」

「挨拶したら、入れる」

「入れたら、挨拶する。じゃあ、持ち物がよくなった人から帰ることにしよう」

「え、待って、待って」

「いつもは待たないけど。特別にちょっとだけ待ってあげる。（みんなに向かって）はい、机の整頓をして」

その後、列ごとに挨拶させて、挨拶の良い列から帰らせた。

A君は、もう挨拶の方に興味がいっている。一番に合格して、大喜びで帰って行った。


少しずつ負荷を掛けていく。

そして、成功体験を積ませていく。

(3) 3日目

月曜日の入学式準備のため、4校時で給食をたべて下校。

給食当番が食器などを返却に行っている間、残っている子に指示を出す。

「女子は廊下、男子は教室をきれいにします。

ほうきは使わず、手でゴミをとります。

ゴミが残っていたら、帰れません、居残りでやってもらいます」

〝ほうきは使わず、手でゴミをとります。ゴミが残っていたら、帰れません、居残りでやってもらいます〟は布石。

そして、給食返却についていく。

すると、すぐにふざけている子が目についた。A君もそう。予想通り。

だいぶん新しいクラスにも慣れ、しかも早く下校する。うわついているのがよくわかる。

そろそろゆるんでくるころ。

食器を返却後、教室に帰ってくると、2人組の男の子がやってきた。

「先生、A君とB君がずっと遊んで、掃除をしていません」

「はい」と返事をして、全員を席に着かせた。

「簡単掃除の人、立ちなさい。あなたの掃除は、10点満点で何点ぐらいのできですか？　小野先生が一生懸命やるぐらいが10点。1年生ぐらいの子がふざけながらやるのが0点。1人ずつ点数を言ってご覧なさい」

そう言うと、子どもたちの顔が豹変した。

「3点」「1点」などの発言が続く。

A君は、3点。言い付けに来た子は5点だった。そんなものだ。

全員を座らせて、こう言った。

「あなたたちは、掃除を一生懸命しなかった。それがどういう意味かわかりますか？　それは、先生との約束を裏切ったということです。

しかも、よくないのが、わかっていてやったということです。

そんなことが続くのなら、先生もみなさんとの約束を守るつもりはありません。

休み時間もなくすかもしれないし、プールの時間を『やめた』となくすかもしれません。それでいいということですね」

声のトーンを落として、淡々と言う。

子どもたちは、真っ青な顔をしている。もちろんA君も。

「あと、３分あげます。自分の失敗を取り返しなさい。

自分の点を10点満点にします。始め！」

そう言うと、どの子も必死でゴミを集めていた。

一番、たくさんゴミを集めたのは学年NO．１の子、A君。大いに褒めた。


良くないことをした時が大事。

悪いと思ったら、素直にやり直す。その思考様式、行動様式を入れていく。

そうやって、教室内の文化を創っていく。

給食当番だった子たちにも、

「みんながんばっているから、１分間だけ手伝ってあげよう」

と伝えた。

あっという間に、きれいになった。他の先生にも「C組、きれいですね」と褒められるほど。

最後は、帰りの用意と机の整頓が早い列から「さようなら」。挨拶の声も元気で大きい。

このような**アドバルーンの1つ1つが、全体への指導の良い機会になる。**

少しずつクラスの体をなしてきた感じがする。


この日は30秒スピーチも行った。

前の日に宿題に出していた。

時計を見て、誰かにきいてもらってやることを指示。

「練習しないと絶対にできないよ」と念を押す。

また、「3日目の朝にも、心配な人は友達に聞いてもらって練習しておきなさい」と指示。

そうして、スタート。36人。出席番号順に行う。

始まる前、1人の男の子が私のところに来て、「お腹が痛いです」と言う。精神的なものだ。こだわりがある子。

背中をさすってやり、

「心配いらないよ。緊張するのが勉強なんだ。先生だってドキドキするんだよ」

と言うと、フ〜っと呼吸が落ち着いた。4年生でこうだ。

昨年、1つのクラスが崩壊状態。あと2つも大物にかき回されて、大変な状態。全体的に公の場でもまれていない感じ。

時間を計りながら聞いていく。発表の様子で、その子がどんな子かよくわかる。

途中で、声のほとんど聞こえない女の子の順番になった。その子はぼそぼそと本当に蚊の鳴くような声で話す。

それでも、その子の声が聞こえた。

なぜか？

教室が、シ〜ンと静まりかえったからだ。

手悪さの音も聞こえないほどの静寂になった。聞こうというみなの姿勢が感じられた。

うれしくなった。いいクラスになると思った。

その子は、手にメモを持っていた。

「練習してきたんだ」と思った。

この子は、申し送りに「一斉指導ではついていけない。個別指導がいつも必要」とあった。

実態漢字調査では、50問テストで7点だった。その子がメモを書き、練習をしてきている。

感動した。

声が小さく、最後がいつ終わったのかわからない。

声が小さいことを指導するのではなく、終わったら礼をすることをその場で教えた。

そうすればわかる。ちゃんと礼をして、拍手をもらっていた。

全員の発表が終わった。

子どもたちも自分の時間が知りたいというので、発表した。

最初は、10秒台の子を発表。

全員男子５名。やんちゃ坊主がほとんど。

「自分では練習したつもりでも、昨日のやり方・練習の量では足りないということだ。大事なことは、次の機会にそれを生かすということ。がんばりなさい」

次は、20〜25秒の子を立たせる。約３分の１の子。

「緊張すると、早口になる。だから、秒数が短くなる。誰かに聞いてもらうという練習が少し足りない。練習の方法を学びましたね」

そして、次は26〜29秒の子。さらに、30秒を１人だけ超えていた35秒の子を立たせる。約３分の１。

「よく練習してきました。立派でした。さらに、１人だけ30秒を超えた人がいます。たくさん話そうとがんばって考えたことがわかります。その人は、Ｃ子さんです」

この子は、声の極端に小さな子だった。

そう言うと、拍手が起きた。その子ははにかむようにして笑っていた。

きっと、**みんなの前で公的な場で褒められることは今までになかった**のだと思う。

事実で、褒めることができた。

最後は、30秒ぴったりの子、４名。

とても神経質な子が、ふ〜っと胸をなで下ろしていた。相当、練習したのだろう。

「先生、びっくりしました」

そう言うと、大きな拍手が起こった。

スピーチが終わって、時間を発表する前に、実は、次のことを言っていた。
「自己紹介をしてもらいました。みなさんの様子を見ていました。
凄いなあと思うことがたくさんありました。
そんななか、先生の大嫌いなことが３つありました。
なんだと思いますか？」
こう言うと、さっそく元気な子が発表した。
「声が小さいこと」
Ｃ子が、すっと私の方を心配そうにみる。笑顔で、こう答える。
「声が小さいことは、ぜんぜん嫌いではありません。
それどころか、がんばれるよう、先生はいくらでも応援したいと思います」
そう言うと、Ｃ子が安心したのが伝わってきた。
次に、「失敗すること、詰まること」が出た。
「失敗なんかなんとも思わない。人間は失敗する生き物。
失敗しないのがいいんだったら、全部コンピューターになってしまいます」
ここで、お隣近所で話し合わせた。
小集団で話し合うシステムを入れていく。
「ストップ。
今、先生は話し合いなさいと言いました。
話していない人が４人いました。

その人は、自信がある人でしょうから、あとでいっぱい前に来て発表してもらいます」
そう言うと、みんな必死になる。

全員の原則。

その後、子どもたちに聞いてみた。
「人の発表を聞かないこと」という意見が一番に出た。
「それが、一番嫌いです。
人が頑張っているのに、ふざける。おしゃべりをする。
人として最低の行為です」
そう言うと、おしゃべりをしていた子が、やばいという顔になった。
子どもたちからは出ないので、２つめからは私が話した。
「２つ目は、拍手です。
友達の発表のあと、拍手をしていました。でも、していない人もいました。
そして、この人にはするけど、この人にはしない、というのもありました。
差別になりませんか？
拍手だけのことを言っているのではありません。
誰かと一緒に勉強する。当番をする。何でも一緒です。
この人はいいけど、この人はダメ。
そういうのは、大嫌いなのです。格好悪くて、醜いのです」
シーンとして聞いていた。

３つめ。

「練習していないことです。

先生は練習しなさいと言いました。

30秒で言えるようになるまでやりなさいと言いました。

ちょっとぐらい違うことはしょうがないですが、10秒も違うというのは、お話になりません。先生が、あれほど何回も言った。今日の朝も言った。それでも10秒も違う。

これは、力がないというのではないのです。やる気の問題です。

このぐらいでいいやというその弱い気持ちが嫌いなのです」

そう言った。

最初、「声の小さい子」と発表した元気のいい男の子が神妙な顔つきになっていた。

そして、がんばって練習してきたまじめな女の子の姿勢がさらによくなった。

⑷クラスの規律を作るちょっとした仕掛け

１年生のなかで、我がクラスはいつも帰るのが一番早い。

今日も一番だったが、帰り際に大きな声で騒ぐ子、走って飛び出す子が多数。５時間目に楽しい話をしたのでテンションが高めでそうなっていた。

全員を教室に戻した。なかには走って下駄箱を出ている子、学童の教室の前まで行っていた子もいたが、全員戻した。

「なぜ、戻ったかわかりますか？」

そう聞くと、当然、みな理由はわかっていた。

「他のクラスはまだ、いろいろやっている。迷惑を掛けるのがわかっていて、自分の楽しみのためにわざとやっている。それでは、早く帰すことはできなくなった」

穏やかに、しかしトーンを落として話すと、シーンとなって聞いていた。

じっと何も言わずに待った。

時間にして10分弱。しかし、子どもたちには1時間くらいに感じられたと思う。

別の組が帰ったあと、「明日から毎日こうしますか？」と聞くと、神妙な面持ちで「ちゃんとします」とのこと。

なんとも可愛らしい。

たまにはこういうことも必要。

怒るでもなく、ただ、淡々と言っただけ。

(5)黄金の3日間の教師の仕事術

ここからは、別の年の黄金の3日間の記録である。教師の仕事術という観点で紹介する。

初日。4年生、37人のクラス。

出会いの日は、教師から子どもへのメッセージを送る。先生は、何を大事にするのかを子どもたちに示すのである。

この年は、前年度に問題のあった子が何名かいた。当然のようにアドバルーンがいくつか上がったが、その都度おさえる。

そのなかで、教師のメッセージを示す格好の出来事があった。それをさっそく使った。

一番問題のあったＡ君が、封筒を受け取る時に「ありがとうございます」と言ったのだ。

それを取り上げて、全員に何が良かったのかを考えさせる。すでに授業の形になっている。

Ａ君はもちろん、それに気づいた子も大いに褒める。

４年生は校外学習や宿泊学習に行く学年。

「Ａ君のようにお礼が言えることは、学校の外に出たら絶対の条件なんだ」

と趣意説明をした。なんとも言えないくすぐったいような顔をしていた。

「ありがとうございます」と言う行為は、誰でもできる。誰でもできることだからこそ、取り上げて褒める価値がある。


人間は行動を変化させれば感情も変化する。「ありがとうございます」と言う行為が、子どもたちを変えていく。実際に、そのあとから全員がお礼を言うようになった。

次に、「伸びる子」「叱る３原則」を話す。伸びる子の特徴として、「ていねいさ」「続けること」「チャレンジすること」を話した。これは、その都度、子どもたちの行動を取り上げて説明していく。

また、先生が叱る３原則として、「命にかかわることをした時」「いじめや差別」「二度、三度と注意をしても直そうという態度が見られない時」を話した。これらはいつも通り。

あとは、みんなの反射神経を見るからと、ゲーム感覚で、号車、班、Ａチーム、Ｂチーム、出席番号の並び方を確認した。簡単に言うと、呼ばれた人は早く手をあげる。あるいは起立する。これらをゲームのように楽しく行う。

初日はこんなものだ。初日に休んだ子がいたが、家庭訪問してご挨拶。その子も体調が戻り、笑顔で挨拶ができた。

明日の予定も連絡帳に書かせた。

1時間目、退任式。岡山市は統一。

2時間目は国語。漢字スキル、スキルノートの使い方、教科書の音読の仕方など。扉の詩も扱う。

3時間目は、1人1役を決め、掃除当番、給食の確認、あとは提出物確認の予定。

連絡帳を書いたところで、丁寧さについてチェック。できていなければやり直し。最初にやっているから、基準ができる。

帰宅後、自分の子どもの小学校関係書類。

昨年の書類をコピーして保存している。子どもの書類関係で次年度の参考になるものは、クリアファイルに入れている。だから、それを取り出して見て書けば良い。これをいちいちやるからイライラする。

裏面に、家から学校までの地図を書くところがある。これも、入学時に書いたものをコピーしておいた。さらに、赤で経路を書いたものを15部くらい作っておいた。だから、それを毎年貼るだけ。これもいちいち書いたり作ったりすると大変。ちなみに、その下に妹

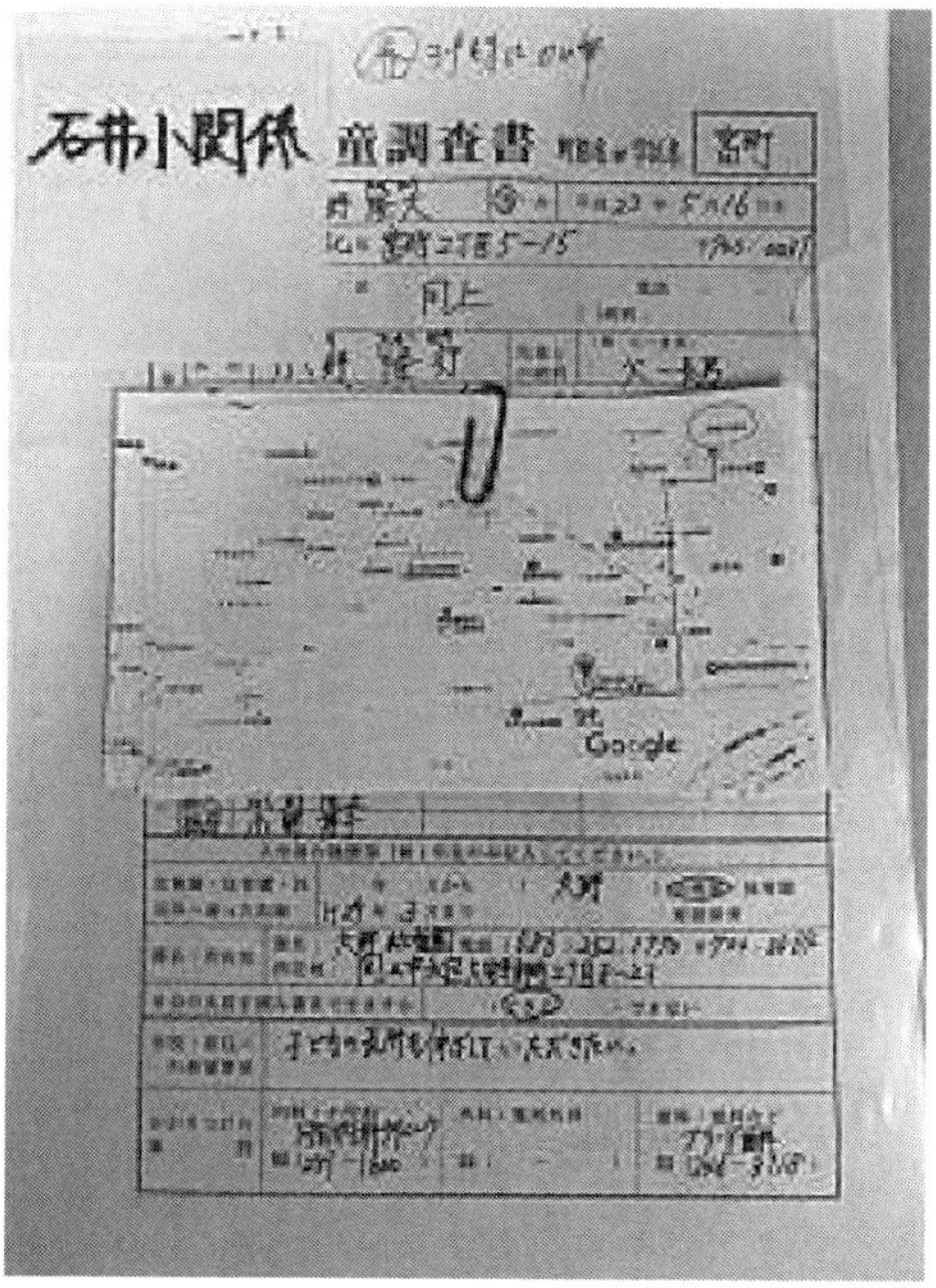

が２人いるので多めに作っている。

仕事は、このようにまとめてしておくととても楽。

２日目のポイントは、提出書類の処理と授業のシステムの確認。

今日、全員が出す書類と、昨日、忘れた書類とを一緒にすると混乱する。なので、朝は全員が出す書類だけ提出させるようにする。

黒板にそのことを書いておいた。教室で全員がそろった時に、そのことを確認する。

きちんと黒板を見てできていた子を褒める。また、朝、来た時から朝の会が始まるまでの過ごし方やルールもここで確認する。

その後、昨日、提出を忘れていた子の書類を集める。この日も忘れた子は、目の前で連絡帳に明日、持ってくることを書かせる。

授業は、国語。国語の時間は漢字から始めることを確認する。また、先生がいなくても始めてよいことを告げる。次の日は、このチェックから始まる。

３日目は、４校時で給食を食べて下校。その後、入学式準備をするため。

１校時は算数。角度の導入。変化のある繰り返し。分度器を触るところまで。そのあと、給食の説明。班の形や食べ方の確認。

２時間目は国語。漢字スキルをチャイムと同時に始めた子を取り上げて褒める。その後、「田に×」の図形のなかから漢字を探す学習。それを宿題に出した。

どこまでやってくるか？

一番の問題児だった子が、必死にやっていた。

3・4校時は理科。専科が行う。私は巡回指導。空き時間は、校内のクラスのサポートに入る。

給食後に、簡単な掃除と、家庭学習と宿題などの説明。入学式があるので、実質は金曜から本格的に生活がスタートする。

この時期、「早くしないと」と思って詰め込みすぎると、結局、いい加減になる。「方向性」と「ここだけは」というポイントをおさえて、あとはだんだんとできるようにしていく。

そのくらいの気持ちの余裕がないと、教師も子どももパンクする。なので、無理はしない。できることからやっていく。一度に全部完璧にしようとしない。

書類の処理や、時程の変更など慌ただしいなかだと、だんだん子どもはルーズになる。

黄金の3日間の終わりの時期が、ちょうど慌ただしいスケジュールになっている。

この日の朝で、書類がまだだった子も全員そろった。

朝の会の前に全て処理が終わった。

02 学年の重要な仕事

クラス分けから校内研修まで

(1)クラス分け

学年の仕事の大きな1つに、クラス分けがある。

学年のクラス数が少なければ簡単に終わるが、クラス数が4を超えると大変な作業になる。

やり方は様々あるが、それぞれのクラスで事前の作業をしておくのが一番早い。

男女の数をクラスで割り振っておく。もっとも気を付けるのは人間関係である。過去に問題があったり、児童や保護者から訴えがあった場合などは、できるだけ別のクラスにする。

学力や運動能力なども、あまり偏りがないように分ける。そのような事前の準備をして、学年で集まる。

それをしないで、いざその場で決めようとすると、時間がいくらあっても足りない。

事前にそれぞれのクラスで分けておいたメンバーを、新しい学年のそれぞれのクラスにあてはめていく。

その際、指導の困難な子が偏らないように気を付ける。その作業のあと、最終チェックを行っていく。

①指導困難な子の偏りがないか
②学力や運動能力の極端な偏りはないか

③過去のトラブル等で、同じクラスにしない方がいい関係の子はいないか

特に③については、過去の生徒指導の記録等を持参しておく必要がある。これに、特別支援学級の子の交流先をどこに入れるか。転入生の子が入った時は、どこから入れていくかなどを決めておく。ああでもない、こうでもないと話をしていると、この作業は時間がいくらあっても足りない。とりあえずのクラスを決めて、心配なら3日ほど間を空けて最終チェックをする日を作っておけばいい。

年度末には、当然、保健関係の書類、要録、調査書、名簿などを決めておく。そうすれば、新年度のスタートがとてもスムーズだ。児童の増減で、クラス数が変わる場合には、クラス分けの紙だけ2パターン作っておいて、名簿などは可能性の高い方だけを作っておく。

(2)幼稚園・保育園との引き継ぎ

幼稚園、保育園との引き継ぎ会が延々と続くことがある。

新1年の主任と、来年度以降のこの会の持ち方を話す。園の人に聞くことを決めておく。そうすれば、誰が担当しても同じである。そして短い時間で済む。少ない人数で来る小さな園は、同時に2つこなせる。担当を分ければ良いのである。そうやって、自分が関わった仕事を少しずつ変えていく。5年ほどで全体が変わっていく。これは教務でなくてもできる仕事である。

また、保育園、幼稚園との面談をやりながら、改善案を書き、出席している新1年主任と、毎年参加している養護教諭とに見せて、提案。

私の勤務校は16の園と連絡会を持ち、面談には3日間が予定されていたが、私の調整では1日半で終わり、

クラス分けと名簿作りまで終わった。さらに、誰がこの会に出るか、いつ誰が何をするのかも明確化した。

これだけで、今まで行われていた４日間の聞き取りと、クラス決めの５日間の仕事が、わずか２日で終了となる。これで、３日間の仕事がなくなることになる。

削れるところは、どこにでもあるということだ。

また、これとは別に、新１年団は、連絡会に来ない保育園、幼稚園、約30の園に電話連絡をしている。

これも担当を決めて連絡会と同時進行でやれば、すぐに終わる。

ちょっとした仕事の仕方で、大きく変わるのである。

(3) 教材採択

若手の大量採用時代となり、学校現場もずいぶんと若返った。

しかし、大規模校の主任はみな50代がほとんどである。当然、それぞれにこだわりもある。

学年１クラスや２クラスならどうにでもなるが、４クラスや５クラスとなってくると、新しいことを提案するのは難しい。

なかでも、教材採択は難しい。今まで取っていた教材に慣れているので、新しい教材を採用すると、使い方に慣れるまでが手間になる。しかも、ほとんどの教材は「ハードウエア」と「ソフトウエア」の意識がない。要は、宿題としてただやるだけという形になっている。

しかし、**教材で大切なのは、その教材をどのように使うかという「ユースウエア」である。**

例えば、漢字指導では、マルチセンサリーを使った指導が効果的なことはわかっている。マルチセンサリーとは、人間が持っている様々な感覚を使うことである。

漢字指導でいえば、「ゆび書き」がこれにあたる。鉛筆を持つ前に、人差し指で机に書いて覚えるのである。次に、うすく書いた字をなぞる「なぞり書き」。そして、お手本を見て書く「うつし書き」へと進む。あかねこ漢字スキルは、この学習ステップを取り入れて作られている。つまり、この練習ステップがもっとも重要なポイントなのである。

しかし、ほとんどの漢字ドリルは違う。ドリルという名前の通り、繰り返し繰り返し、同じ字を練習して覚えるというのがポイントになっている。つまり、同じ漢字という学習をする教材でも、全く違ったコンセプトになっているのである。教材は、何でもいいというものではない。特に、勉強の苦手な子が力を伸ばす、効果がある物を選びたい。

しかし、この教材を取ったことのない人にとってみれば、困ることも出てくる。

①指導の仕方が変わる
②宿題の出し方が変わる
③どの程度やれば効果が出るかの予測が付かない

つまり、今までの経験が生かされなくなる。多くの教師は変化を嫌う。だから、いくら良い物だと説明しても、では採用とはならないのである。新しい教材を採用してもらうためには、どの学年が、どんな教材を取っているのかを知っておくと戦略を練ることができる。

私が経験した3年生の学年団は、50代が2人、40代と30代が1人ずつ、20代が1人。

30代の私は、全体の仕事を率先して行った。主任が忙しそうなので、中心となる40代の男性と、来たばかりの50代女性とで、教材採択の準備。

　どの方も、前年度に採用していない教材だったため、教材の良さと使い方を簡単に説明する必要がある。仕分けをしながら、プレ教材採択を行った。

　算数のマス目と、保護者への説明が入った見直しシートで教材の良さを説明。算数は、正進社のテストで決定した。続けて、国語も理科も同様にシートの良さで採用。

　次に、漢字スキルはスキルノートが良いという説明で、印象付けた。スキルノートを使えば、宿題が楽に出せる。合わせて計算スキルも、答え合わせや直しが自分でやりやすいことを説明。

　その後、学年で採択になった時には、「強いこだわりがなければ絶対これがいいです」と説得。さらに、「この教材で良ければ、昨年の申請文書がありますから私が文書を作っておきますよ」とダメ押し。

　結果、全て採用。文書もすぐに打ち出して配付し、すごく感謝された。

(4)学年会議の資料

　写真は学年会で出す運動会でのリレーの練習予定の資料である。1時間目が学年の表現練習だったので、その時間にチョコチョコと書いて、あとは休み時間に仕上げ。

　「事前指導や指導時間も記されているので、先生方みんなが見通しを持てる」という声もいただいた。

　ポイントは、ナンバリングすること。□1や□2が大きな項目。

　それらの項目のなかでも必要なこと、順番などを①②……と書く。これがないと、理解がすぐには難しい。

　また、図を入れているところもポイント。図を見れば説明はほとんどいらない。指導のイメージも持てる。

　さらに、各教師の役割と立つ場所も明確にしている。これがあると、何も言わなくてもその場で指導ができる。

そして、前もって各教師が指導のイメージを持って授業に臨むことができる。準備物の用意や事前のクラスでの説明なども、言わなくてもしてくれるようになる。

それを1枚のシートでまとめているから使いやすい。

このシートの制作にも時間をかけない。私が使ったのは全体の練習の時間と少しだけ。最初は時間がかかるかもしれないが、やっていくとすぐにできるようになっていく。

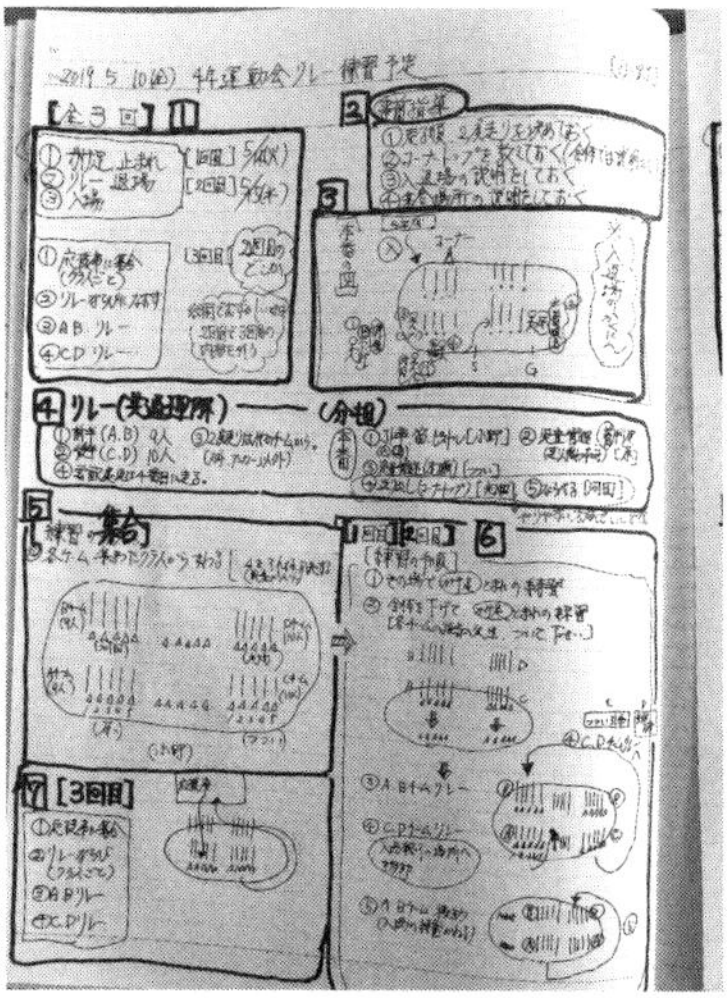

(5)校内研修

岡山市教育委員会の研修で、道徳の評価の所見の書き方例のような物があった。簡単に言うと、

①大きな観点での記述
②題材名
③部分的な内容の記述

で書いていく。

それを受けて校内で、所見の書き方の研修が行われることになった。

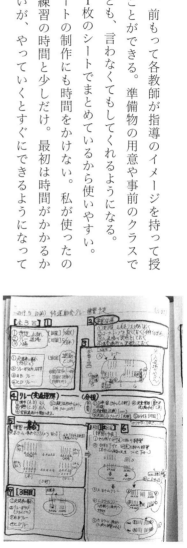

道徳の教科科が始まった最初の年なので、どこも評価をどうするかが悩みの種だ。しかし、とりあえずスタートしなくてはならない。

そこで、初年度の評価の書き方を研修したわけだ。

評価の③は、校内の道徳部で、文例がいくつか用意されていた。それぞれ10ずつ程度の文例。
②は、校内で重点項目を決めており、８つの題材が決まっている。
つまり、①②③とを組み合わせて、評価を作っていくわけだ。パズルのように組み立てていくことになる。

当然、その子の学習の様子を考えて、どの評価がふさわしいかを選ぶのは、担任の大事な仕事になるのは言うまでもない。

道徳部から「各学年で少しやってみてください」と指示があった。

それぞれの学年は、あれこれ試している。私の学年はというと、その場で組み合わせ方の確認をして、私がどんどん作っていった。

作る時には、②の題材から行う。説明を聞いていて、日頃授業をしていている私たちには、教科書にのっている題材から始めるのが、一番イメージがわくと思った。案の定、授業を実際にした②の題材から選ぶのがスムーズだった。

さらに、題材自体がすでに選ばれている。次々と題材を出し、それに合う①の大項目、③の文例を当てはめていく。

同時に主任が、私の組み合わせをメモしていった。他の先生方は、教科書を片手に他の題材と大項目との関係を調べている。まさに、同時進行の仕事ができていることになる。

そうやって、ちょっと体験してみてくださいという時間内で、私たちの学年団は８パターンの所見を完成させることができた。

そして、それを基本にすることを確認した。もちろん、当てはまらない子がいれば、新たに作ればいい。それは担任裁量で行うことだ。

全体の方針と個々の事例を同列で考えない。全体の方針は、常に原則である。事例ごとに、弾力的な変化があってもかまわない。

研修のあと、学年団で、職員室のパソコンでデータをコピー&ペーストして、所見のパターンを作成した。同時に指導要録への文例も確認した。

同学年の先生は、次のように話していた。

「もう、できた！　これで道徳の評価は終わった！」

しかし、私は少しだけ不満だった。

もし、研修場所にパソコンを持参していれば、研修の場で全ての作業が終わっていたのに、と思ったからである。さらに、通知表への記入。時間があれば指導要録への記入も終わったかもしれない。

これが、私の普通の感覚になっている。

03 校務分掌

自分のキャパシティを最大限に活用し、信用・信頼を勝ち取る

(1) 担当になって改善したこと

組織のなかには凸凹や穴がたくさんあるので、おかしいなと思ったところを自分が担当になった時に１つ１つ改善していく。

担当になって改善したことや取り入れたことを紹介したい。

例えば、

会議の招集の仕方

である。

先にも述べたように、年度始めに、昨年の文書をプリントアウトして時系列に並べておく。担当として関わる校内委員会なども洗い出す。

特別支援部会の会議の時になって、「不登校担当の小野先生が来ていない」ということがあった。教育課程の文書のなかに私の名前が記載されていないのに、である。

「書いていないので出席しようがありません」と言うと、「去年まではこれで進めていた」と返された。私は引き下がることなく、「明記してほしい」と校長先生の前で話すと、「小野先生の言うとおりだ。修正してください」と言われた。

自分が招集する会議などは、そういうことがないようにする。1年目からそのことを意識して、2年目くらいから完璧な状態にしておくというイメージでやれば、うまくいくのである。このように、不具合や穴があれば1つ1つ改善していく。

私が担当になって次に改善したことは、

長期欠席報告の方法

である。

私が勤務していた学校は大規模校で、担任の先生が40人くらいいる。そのような大所帯で、長欠報告が全クラス分、そろうだろうか？

そこで文章を配る。その文章には、次の内容を記載した。

「長欠報告を月ぎめで起案をして、起案が返って来るまで3日くらい掛かる。報告の提出は次の月の5日くらいまでなので、月末の30日に起案をしなければならない。そこで30日の17時までに提出してもらう必要がある」といった内容の文章だ。

しかし、このようなお願いの文書は年間何百枚と配られるなかの1枚である。誰も長欠不登校の紙を大事に思っていない。

では、どうするか？

そこで、学年のファイルを作った。そこに「何月何日までに入れてください」と締切を大々的に書いて、その下に起案をいつまでにしなければならないかを書いておく。「１つでも遅れれば起案が間に合いません」と記入しておく。

そのファイルを学年主任に回覧してもらい、学年主任が全てのクラスの報告が入っていることを確認して、入って入れば私の机上に置くというシステムにしている。

しかしそれでも集まらない。その場合、「終礼で教務の先生に連絡してもらう」「連絡の黒板に書く」「学年主任の先生に提出のお願いをしてもらう」「インターホンで連絡をする」「私の机の上にファイルが提出されるので、何年生が入った、とわかるように書く」。そこまでやっても遅れる。

そこで、不登校の担当になったその日のうちに学年のファイルを作り、回覧するようなシステムを作った。回覧の学年のファイルを配る日も決めている。締め切り３日前の朝、学年主任の机上に置くようにしている。

なぜかというと、報告しなくていいクラスもあるからだ。

岡山市の場合、長欠報告は理由にかかわらず３日の欠席で報告が必要になる。

よって、長欠の児童がゼロのクラスは、すぐ報告することができる。だから、３日前の配付なのだ。これが２日前ではダメだ。

それは私が長欠担当ではない時に、ギリギリになって調査がくることがあったからだ。３日前に手元に届けば、仕事が早い人にとっても楽なのである。

このようなことを自分が担当ではない時に考え、それを実行した。

私はノートでスケジュール管理をしているので、ノートに「長欠配る」「月末に長欠起案」「長欠締切」ということを書いている。

12月の予定は、すでに6月に書いていた。ノートに書いておくことで、ただ配って、ただ集めるだけのことだが、うっかり忘れてしまうというミスがなくなる。それらはできる時に、全てやっておく。

まじめだからミスがないということではなく、

ミスがなくなるような仕組みを作る

のである。

だからこそ信用が得られるし、様々な不具合が出た時に対応できるのである。

これは長欠報告のことだけだが、長欠報告1つとっても仕事のやり方が全く違う。そして私が担当したあとには、そのデータが残っているので、次に担当する人は、そのデータを引き継いで同じようにやれば何も困らない。**次の担当者が仕事がやりやすいようになっている**のである。

(2)全体の提出物を遅らせないコツ

校務分掌の主任や担当になった時に、どの仕事から手を付けるか?

私はまず、過去の文章を見ることから始める。そして昨年の文章を全てプリントアウトする。そしてデータを全てデスクトップに保存する。

次にノート見開き2ページにまとめる。どんな仕事があって、何月何日に何をしなければならないかを時系列に並べる。

また会議など、どんなことがいつ入っているか、どんな文章を配布しなければならないか、職員に連絡しなければならないかを、日付入りでノートに書く。

教育委員会から来た調査などは、来たその日のうちに、早い時は20～30分のうちに起案することができる。

なぜそのようなことができるのか。

それは、**年度始めに提出すべき調査を全てピックアップして、昨年のファイルやデータを時系列に並べておく**からだ。例えば去年の文書が15日に届いていて23日までに提出しなければならないなど、およそこの時期に来るということを前もってイメージできるようにする。

どんな調査がいつごろ来るかがすでにわかっているので、4月1日の段階で、学級数、児童数、どんな児童がいるかなど、わかることをこの時点でメモしておき、調査などがあれば転記すればすむ状態にしておく。そして立ち話などで、教頭先生と教務の先生に、「この調査のデータで出していいですか」と確認もしておく。そうすることで調査が来た瞬間に記入して提出することができるのである。

そのように準備しておくことで、事務が調査依頼に印鑑を押して回覧に回した30分後には、私からの起案が事務に届いているという状況を作れる。

そのようなことが続いていくと、まわりの見る目が変わり、信用にも繋る。

文書や調査報告を早く出し、仕事を早くする仕組みを作る。そのことによって、精神的に楽になり、周りの先生方も楽になる。その分、他のところに労力が使える。

自分の持っているキャパシティは決まっている。

仕事術とは、

自分のキャパシティを最大限に使うこと

なのである。

また、**仕事術は自分が楽をするだけではない。仕事によって信用が得られ、一目置いてもらえるので、学校のなかで意見や提案が通しやすくなる**のである。

仕事をギリギリになってやるというのは、人の時間を奪っていることにもなる。どうせやらなければならないことをあと回しにしているようでは、他のこともできない。

それでは、いいクラスを作ることも、自分のしたいこともできないのである。

04 教室環境

見通しを持った黒板・前面掲示と提出物のシステム化

(1) ３学期初日の黒板

写真は、

①あさのじゅんび
②体（〇囲み）シューズをはく
③カード・スーパーのふくろ・ぞうきんをだす
④なわとび
⑤トイレ／０のこえ

……といった具合に、３学期の初日の予定を説明している物である。行う順番がはっきりした具体的な指示になっているから、初日になんの混乱もなくスタートできる。見通しを持たせる指導である。

児童の朝の登校時間はバラバラである。そこで、順序にも意味がある。体育館シューズが先に来てるのはそのせいである。最悪、そこまでできていれば終業式に間に合う。そのことも説明する。説明がないと、子どもは焦って雑になる。

そういう配慮とセットだから、不安傾向の子も安心する。スピードだけを求めると不具合が出るのである。

　黒板の指示には、もう1つポイントがある。

教師がいない朝に出してはいけない物も「×印」を付けて板書している。

　ここでは「かきぞめ」「あゆみ」「たいせつなふくろ」である。

　どれも、教師がいる前で集めた方が効率が良い物ばかりである。

「あゆみ」と「たいせつなふくろ」は、出席番号順に集めた方が処理がしやすい。

「かきぞめ」は集める時に、評価して集める。子どもに2枚の清書を持ってこさせ、良い方をその場で展覧会提出用にする。

　可能ならば、その場で学校印も教えてしまう。あとのもう1枚は掲示用にする。

この「出さない」という板書があるのとないのとでは、雲泥の差である。「先生、これは出すのですか？」という朝の質問ぜめがなくなるから、こちらはゆったりと過ごすことができる。だから、突発的なことが起きても対応できるようになる。

黒板の右下に貼ってあるのは、その日の時程が書かれた会議の文書で、当日の流れ、下校時刻などが書かれている。貼ってあった文書は、当日、はずして持ち歩く。１日の時程が書いてあるので、それを見れば何をいつまでにすればいいのかがわかる。貼ってあるから、当日に必要な文書がどこかに紛れてしまうことがない。

左下の物は学年だよりの冬休み号で、提出物などが書いてある。これも休み前に子どもたちに説明し、そのまま貼っておく。黒板に貼ってあれば、３学期になって、こちらが忘れることがない。文書は当日、持ち歩き、必要がなくなれば捨てる。

なお、「０のこえ」というのは、自分の席で、読書、お絵かき、百人一首のどれかをするという意味である。

左の４枚の写真は、簡単にできる教室環境である。上から順番に簡単に紹介する。

①教室横のロッカーは、忘れ物対応用。絵の具の筆、習字関係、文具、なわとびなど、忘れた子用に用意した物を入れている。教師から近い位置にあるのが便利。

②教師の机の周りは、仕事用スペースを作る。延長コード、コンセント、各種コード類、プリンター、各種充電関係などがそろっている。

③体操服を掛けるフック。上にビニールテープを貼って、ペンで番号を書く。年度末には、これを剥がせば、すぐに片付けが終了となる。

④エプロン掛けと教材ロッカー。教室前のスペースはデッドスペースになりがちだが、ここをうまく使う

と有効なスペースとなる。

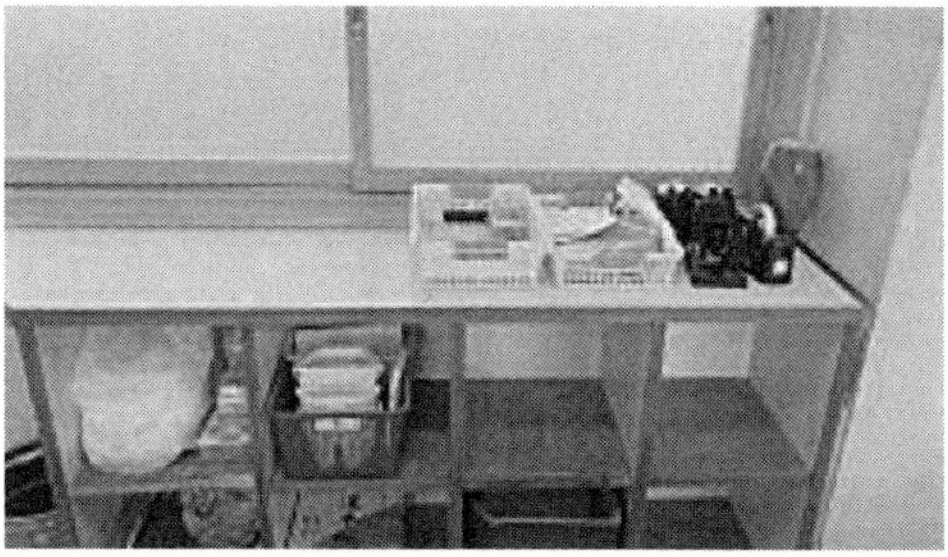

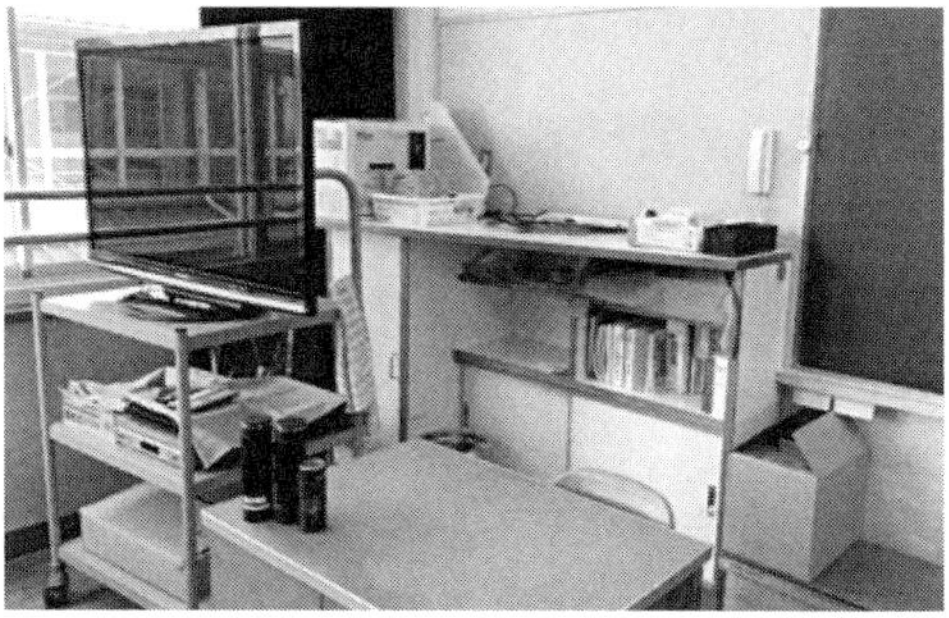

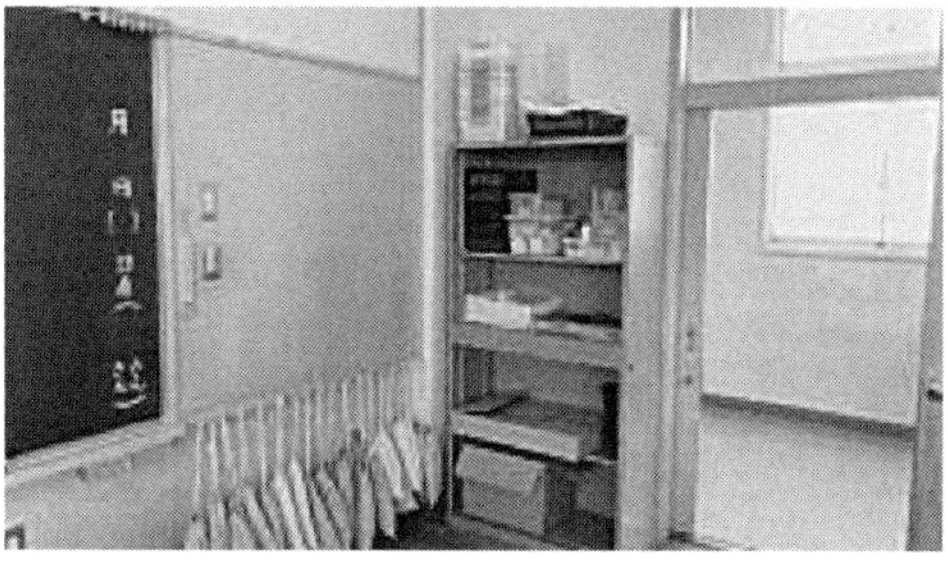

前面掲示はスッキリさせている。これはいつも全体への研修、通信等々で紹介している通りの環境面の整備がベースである。

最初はたくさん貼ってあるが、1年生にとってはありすぎると選択的注意が難しいため、必要がなくなった物は外し、ほかに変えるようにしましょうと確認している。また、発達差が大きいので、クラスごとに判断していくことにしている。作品掲示などはそろえている。6クラスもあるからである。

目標は３時間目に、とりあえず考えさせて発表させる。変えてもいいことにして、宿題として家で下書きを作らせ、次の日に学校で清書。難しい子は私がサポートする。

ホワイトボードは、黒字は2学期末のもの。Ｎさんが風邪で学期末にお休みしていたので、「まだのもの」として、2学期末に確認していないことを書いてある。赤字は３学期のことで、未提出の子を書く欄である。これは全員提出の物だけを書き、宿題などは書かない。

ポイントは給食台の下のカゴである。これらは、黒板に「出さない」と書いてあった物を集めるものである。朝一番にこのカゴはいらないが、給食台の上の物を集めた後に必要になる。それをあらかじめ下に置いているので、忘れることがない。また、ロスタイムなしで、すぐに集め始めることができる。

このような、**事前のちょっとした準備が当日の余裕を生む**。

そして、朝、出す物を出し終わったら、そのカゴを支援員さんのところにそのまま持っていって、チェックしてもらう。給食台の上の物がなくなったら、下のカゴを上に置く。そこまでが一連の流れである。

ちなみに、通知表の３学期の担任印は、集めた時に押しておく。大切な袋の印も集めると同時に押す。

その場でチェックと処理を行う。

そうしているうちに支援員さんのチェックが終わるので、未提出の子を確認して、ホワイトボードに名前を書き、同時に本人の連絡帳にも書かせる。そこまでを流れるように進める。

早くできた子には配り物をさせる。それも、給食台の下に置いておく。

支援員さんがいなければ、別の組み立てをする。2年生以上なら子どもたちにチェックさせる。**要は「空白を生まない」「漏れがない」こと**。かといって、せかせかしないように組み立てることが大事である。

周りの先生からは「いつやったの？」と魔法のように見えるようだが、組み立て次第で変わるのである。

(2)年度末の引っ越し／座席をどう仕組むか

年度末の教室の引っ越しでは、大量の荷物を午後から動かす。子どもに来年は担任が替わるとか、先生はこの教室ではないということがわかってはいけないので、あまり片付けはできない。ある程度の状態まで行う。

子どもたちの最初の座席をどう仕組むか？

通常は、出席番号順に前から座らせるのが多いだろう。では、キレると刃物を振り回すような、マンモス校で誰もが知っているような子が10番だったらどうするか？　番号順に行くと、その子は一番後ろになってしまう。

私は後ろから、1・2のペア、3・4のペアというようにやって、10番が前になるようにしている。出席番号で初めの方に要支援の子がいる時は、前から横に横に並べることもある。逆に、後ろの番号にいた場合は、後ろから横に横に行くこともある。

後ろから並べるのは、次のように趣意説明ができる。

「この教室では、教室から出発する時は、後ろに並びます。なので、慣れるまで後ろから番号順の席にしています」

最初の席は、結構重要である。出発するというのは、あくまで子どもが不満に感じないための趣意説明であり、子どもが納得できればよく、並べ方はなんでもいい。

(3)作品掲示の工夫

習字を貼るところがないので、掛けて展示できる物を自作した。習字の時間には外して廊下に置いておき、できた子がのりで貼って、それを掛けるだけである。

使用している角材は長さが約１８０センチ、太さは約14ミリ。フックはねじ式のL字型。フックの長さは20ミリ、高さは約12ミリ。

教室の廊下側に２カ所、廊下に２カ所、教室後ろに２カ所と全部で６本の棒を作っている。１つの棒に最大６人分の習字が掛けられる。

習字の時間になると、棒をフックから外し、廊下に並べて置いておく。子どもたちは清書ができたら、自分でのりで貼っていく。

教師はできた棒からフックに掛けていくだけである。

棒の数は、クラスの人数に合わせて調整する。壁に貼るよりも10倍楽である。

⑷教室環境、３日間の見通し

始業式の日。

朝のうちに、ほぼ提出物チェック終了。始業式後に、未提出の子の氏名をホワイトボードに書いて、連絡帳にも未提出物を書かせる。

机、イスに「靴下」を履かせることになっているので、各自やらせてできた子から休み時間にする。靴下というのは音が出ないよう、机やイスの脚にかぶせる布でできたカバーである。

その合間に、大切な袋と、通知表の3学期の担任印に印を押す。これを同時処理で行う。あとは生活科の宿題カードを丸つけし、廊下のクリアファイルには子どもに入れさせる。冬休みの頑張りカードは押印と丸つけをして、シールを貼らせて持ち帰らせる。

2時間目は、配り物のあと、書き初め。後述する「(5)提出物」のシステムで行う（97ページ参照）。清書2枚を持ってこさせて、その場で応募できるようにする。あっと言う間にできる。

名簿も作って、すぐに提出。その前後に、スキルやノートなどの名前を書かせる。

計算スキルのみチェック。答えや、スキルのしおり部分に名前を書いていない子が13名。

3時間目は、宿題に出す目標を考えさせ、全員に発表させる。**家で考えてくる宿題だが、学校でやっておくことで、家で困らなくなる。**

そのあと、漢字スキル2文字、スキルノート2文字。時間が余ったので、百人一首を3試合。

支援員の先生が、あまりのテンポの良さと処理の量に驚いていた。

「処理のスピードに圧倒されます。小野先生の追試をしようとしていますが、どこかで無駄が生じます」

「1年生や特別支援を要する子への配慮が、ものすごいと思いました。特に、宿題を家に帰る前にやっておくことで、困り感がなくなります。子どもも保護者も安心して宿題に取り組むことができます」

「宿題は家でやる物と考えている先生方には、絶対にできない仕事だと思いました」

「明日が始業式です。焦りながらぼんやりと計画していた物が、明確にイメージできました。目標は宿題として考えさせる方が猶予があって良い、と勘違いしていました」

……等々の声もいただいた。

この感想については、少し補足が必要だろう。

目標というのは、少しニュアンスが違う。宿題として、家で考えてくることになっているのだが、それだと書けない子、親に叱られる子、抽象的なことしか書けない子がいる。

そこで、例示を示したうえで、次のようにする。

①全員起立。学習面の目標を決めたら座りなさい。
②数人に発表させる。
③まだ決めていない人は、友達の発表のなかから選びなさい。あとで変えていいのです。とりあえず選びなさい。
④隣の人に発表しなさい。

このように、事前に簡単な指導を入れておかないと、書けない子は家で困るのである。

次に、未提出の子の処理について。

誰が出していて誰が出していないのかという確認が、年度初めには特に重要になる。

そこで、写真のように、黒板横のホワイトボードを活用している。

一番上が、初日の段階でのホワイトボード。２日目で真ん中のようになる。

今日から、掃除がスタート。３学期の掃除当番は２学期の末に決めていて、前担当が掃除のやり方を新しい担当に教えているので混乱なくスタート。

３日目。一番下の写真のように、未提出者はゼロになる。持ち物もクーピーがない子が１人いるだけだ。

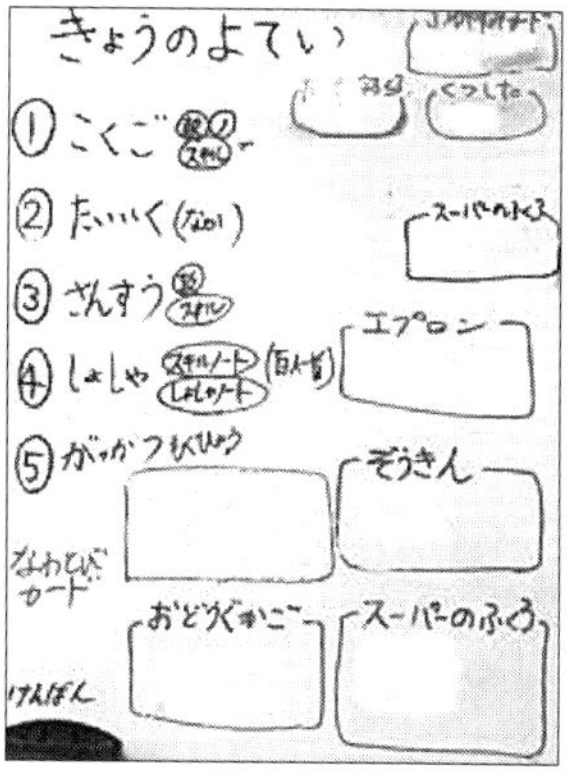

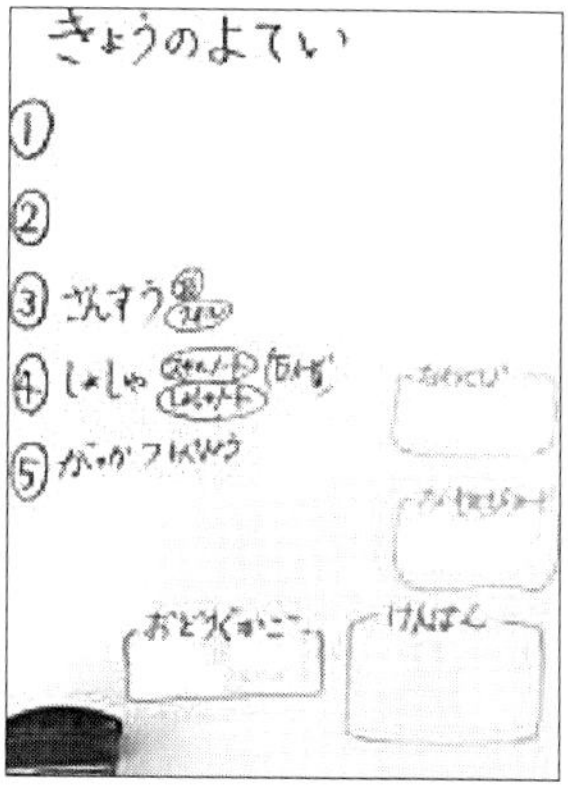

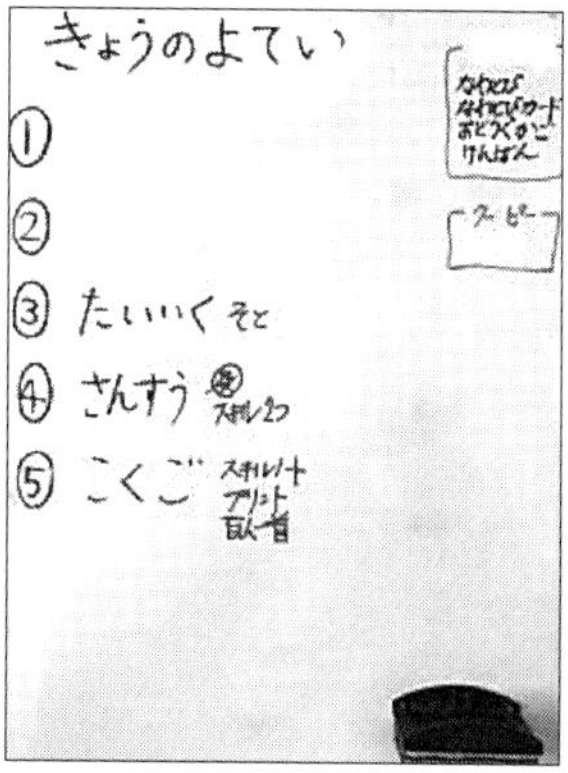

1人、インフルエンザで休みの子だけ、持ち物の確認を書いている。

このように視覚化しておくと、漏れがない。

次に、3日目の体育の時間。3学期最初の体育である。

学期始めの体育は、もう一度、学習システムの確認が必要だ。

体育の最初。なわとびとカードを置いた子から、ジャングルジムに滑り台がついた遊具へ。終わったら、運動場の反対にある岩山と滑り台がついた遊具へ。間の距離は100メートルくらいある。終わった子から私のところへ。

定期的にじゃんけん。30秒に1回くらい。

勝ちは、そのまま。負けたら、岩山滑り台の遊具へ。

引き分けは、近くの鉄棒で1つ、技をする。

また、戻ってきた子が私とじゃんけん。

そうしているうちに、時間がかかる子も追いついてくる。

全員がそろったころに、笛。

それで、２人組になってなわとびの合図。空白なし。

子どもたちは、汗びっしょり。寒がっている子はゼロ。

そこまで、ほとんど説明も指示もなし。これで、３学期も体育授業の進め方を子どもたちが理解する。

私だけがダウンジャケットにくるまって、寒がっている。

私は「じゃんけんぽい」の時だけ声を出す。あとは、ずっと声を発しない。

それでも子どもたちは動く。

同じ時間に運動場を使うクラスは、この段階でまだ準備運動も始めていない。

このように、授業の最初だけを考えてみても、1年たつとどのくらいの差になるのだろうか？

ちなみに、最初はジャングルジムに登れない子がたくさんいたが、今では、すごいスピードでどの子もこなしている。**ジャングルジムは、身体の正中線を手や足が交差する動きが多くなるので、感覚統合にも良い。**

ジャングルジムができなかった子がすいすいと取り組んでいるのは、子どもたちの感覚統合が進んだ証拠である。

(5) 提出物

書き初めは、2学期末に2枚、清書を集め、番号順にしてある。そして新学期に2枚、持って来ることになっている。

まず、丸まった物をまっすぐに伸ばさせる。丸まったままだったり、輪ゴムをとめた状態で集めると時間がかかる。ここまでの前処理があるだけでも、全然違ってくる。

次に、番号順に持ってこさせる。私の手元の2枚と持ってきた2枚で4枚になる。最初の子と2番目の子のやり方を全員に見せて説明し、あとはそれを真似させる。上手に自分でできたら褒めていく。

そうやって全体の流れを作っていく。

待っている子や早くできた子には、別の課題を用意しておく。4枚を並べ、一番いい物に学校印を押す。そして二番目にいい物を選んで、残りの2枚を重ねる。つまり、学校印を押した物、1枚だけの物、重ねた2枚の3種を、給食台のような広いスペースに置かせる。

これで、展覧会に出す物の山、二番目の良い掲示用の山、予備の2枚の山と、3つに分かれる。破れたりした時のために、一応、予備も持っておく。掲示用を外して持ち帰らせる時に、一緒にその2枚も返す。

私のクラスは支援員さんがいるので、同時に掲示してもらう。それが可能な場合は、2番目の物だけ、子どもに後ろに持っていかせる。

全員が出し終えたら、私は名簿に番号を書いて、書道展に出品できるようにする。

これで授業中の短い時間で処理と掲示が終了する。

4年生以上なら、掲示も自分でさせる。

第3章

実録！ 教科教育

～「感覚」「思考」「隙間時間」のフル活用で子どもの「できた！」を生み出す

01 算数・国語

子どもの感覚とレディネスに合わせた指導

(1)算数：1年生、時計の学習

この日は時計の学習。「11時39分」など1年生が混乱するところ。

前日は、私が前で時計を使って、一斉に練習。そのあと、教科書の問題を全部やらせる。全員なんとかできた。

今日は、黒板に、10：30とか11：49とか、12問くらい書いて、算数ボックスのなかに入っている時計で時間を作らせた。

お隣同士ができたら持って来させる。支援員さんがいるので、出席番号の奇数は私、偶数は支援員さんというシステムを作った。

持ってこさせたら、「10：45です」のように口頭で言わせるのが大切

教師は○×の判定だけ言う。途中、支援員さんが「ここはねー」と少し教えるので、「○×のみ」と再度、指示する。すると、支援員さんの前にできていた列が解消される。

子どもたちは熱中して取り組み、あっという間に習熟していった。

ここからは、1日の隙間時間に数問ずつ出しながら、さらなる習熟をはかりながら、教科書の他の単元を進める。

時計は感覚を育てる必要がある内容であり、間を開けて何度も繰り返す。判定がシンプルな○×のみだから列ができず、練習量が増える。そのうえで、習熟が完全にできたらテストをする。

下の写真2点は4年生、算数の時間にさせる黒板の準備。私が不在で自習をさせることになった。教科書を進めさせることにした。

上の写真は、次の日の連絡帳を書くホワイトボード。

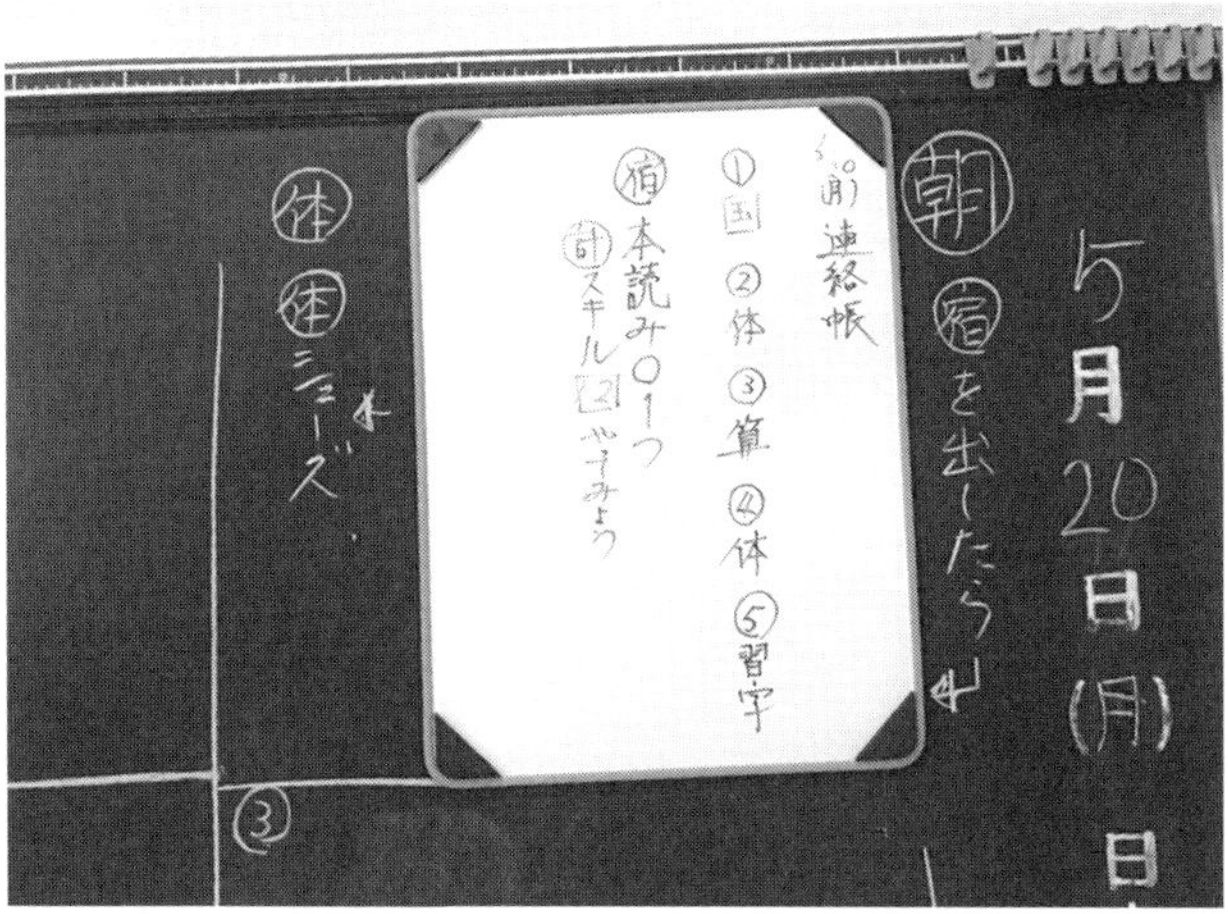

下の写真は、算数の時間に使う黒板。あらかじめ、このように区切っておく。

自習は、わり算の筆算のページ。最初の問題である基本型は教えた。その続きをさせていく。

黒板には、途中に青で波線を書いてある。自習だから、個人差がすごく出てしまう。早い子はいいが、遅い子やわからない子は全く手が付かないままということになる。

そこで、青波線までできた人は、それまでの問題を黒板に板書させることにした。これで、わからない子が板書を見て追いつくことができる。**わからなくて、ずっと鉛筆が止まるということがなくなる。**丸つけ、直しも自分でさせる。

(2)国語1：4年生、漢字テスト

初めての漢字テスト。100点29人、90点2人、80点1人、40点1人。

40点の子は、昨年までほとんど10点くらいしか取れなかった子。練習できていた前半の漢字はできていた。めちゃくちゃ褒めた。

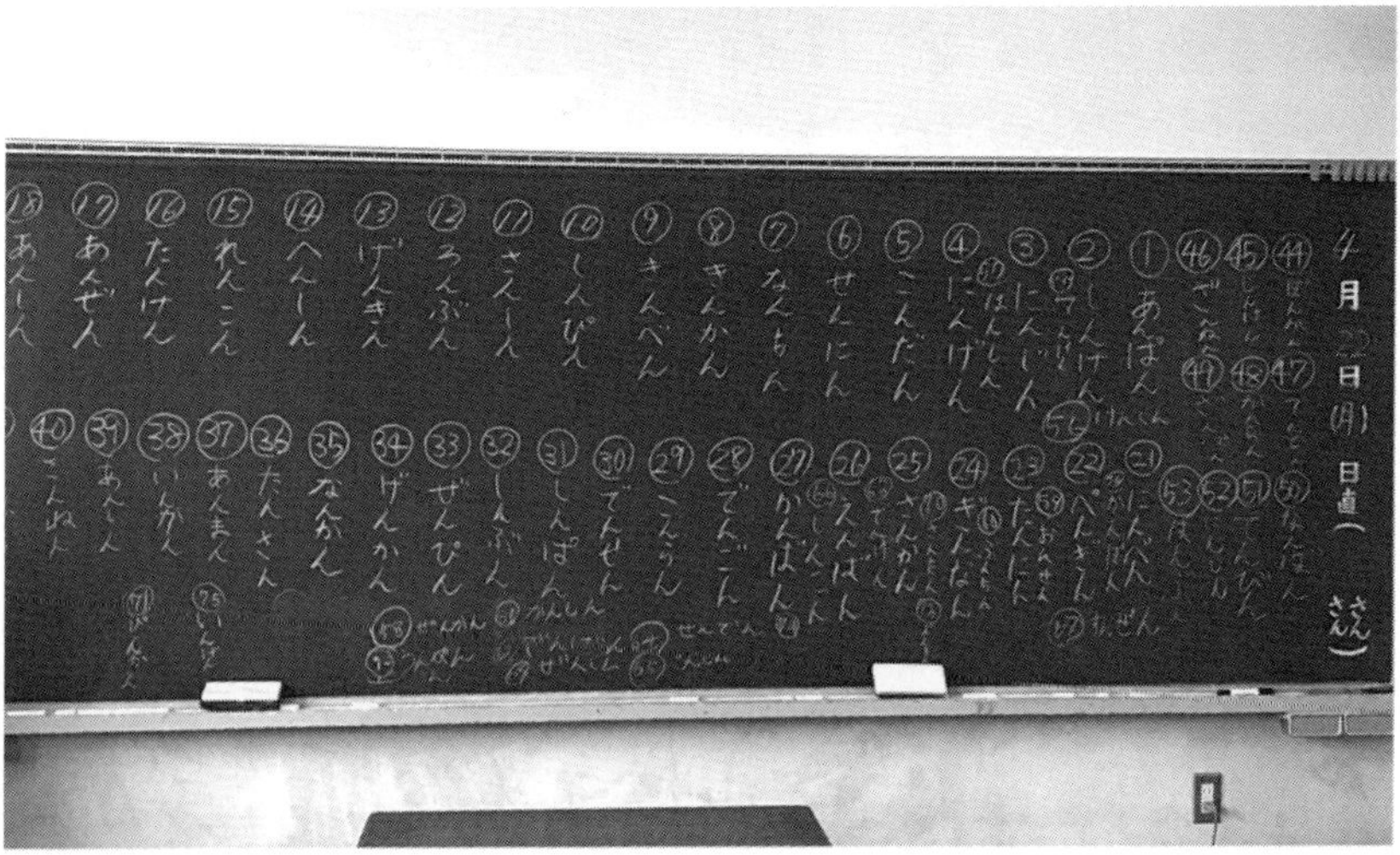

返事も聞こえないような子だったが、本読みでも少し声が出るようになってきた。少しずつ変化が見られるようになってきた。

子どもたちは、とにかくよくしゃべる。話を聞かない。ルールを適当にする子たちだったが、今日は計算スキルも集中して取り組んでいた。やはり、授業が始まると安定する。

(3)国語2：4年生、参観日

参観日では、前ページの写真のように、授業の最後に「○ん○ん」の言葉を考えるという課題をした。○のなかに文字を入れて言葉を作っていく。「まんてん」「さんてん」「ぽんかん」など楽しい言葉が出て来る。途中、保護者も参加して発表していた。

授業の終わりに、「たくさん見付けた人は、月曜の朝に書いていいよ」と伝えておいた。右はその写真である。びっしりと子どもの意見で埋まっている。

家で考えてきた子をとりあげて、うんと褒めた。

がんばった人が得をする仕組みを作ることが大切だ。

02 社会科

子どもも大人も考え抜くような発問を

(1)社会科１：４年生、見学～シェア～先生問題

学校近くのゴミステーションの見学の日。

現地で10分間だけメモをとらせる。それを、教室に帰ってから、グループでシェアさせる。子どもたちの内部情報を増やすわけだ。

そのあと、先生問題をいくつか出す。

例えば、次のような問題。

「看板はいくつありましたか？」

「どんな看板ですか？」

「壁や天井の色、材質が違っていました。それぞれどうなっていましたか？」

「それは、なぜだと思いますか？」など。

これは、子どもたちは頭をひねる。必死になって考える。

同じ物を同じ時間だけ観察しても、子どもたちには見えないことがある。それをとりあげて発問するから熱中する。

このあと、私がとってきた写真を見せながら、先ほどの発問を確認・検討。

子どもたちは頭を必死に使っていた。

(2)社会科2：参観日

最初は地図帳を使っての地名探し。

今は岡山県のページのなかだけから地名探しをやっている。その後、中国地方などとだんだん広げていく予定。最後に、世界地図のページを開かせて、国を探す問題も出す。

そのあと、ゴミステーションの写真の読み取り。読み取った意見を板書させて、発表させる。一連の流れを見てもらう。

続けて、写真に撮ってきたゴミステーションをパワーポイントで提示。発問をしていく。子どもたちも大人も考えぬくような発問をする。

下は、見学の時に写した写真だ。ここから問題を出す。

その後、地図記号を考えるパワーポイントのコンテンツを使ってテンポよく問題を出す。12分程度。楽しく終了。

03 図工

荒れた子も取り組み、どの子もオリジナル作品ができる指導

⑴図工１：「できたよ・わたしのこんなお花」

制作開始とともに、全員がすぐに活動に取り組む。
ボーッとしている子や、何をしようかと困っている子はいない。

工夫は３つある

１つ目。前の日の帰りに、教科書を見ながら、作る物のイメージを持たせる。そのうえで、実際の紙、お花紙を出して、やってみせる。班に数枚ずつ渡して、触らせる。時間は全部で５分くらい。

２つ目。当日の朝、他のクラスが先にやっていたらチャンス。となりのクラスの完成した物を見せに行かせる。イメージを膨らませるようにさせる。

単学級や、まだどこもやっていなければ、教師がいくつか先に作っ

ておくといい。絵の場合も同じである。

3つ目。見に行く前に、「他のクラスに見に行って帰ってきて、すぐに、こんなところが上手だったとお話ししなさい」と言っておき、お隣近所でシェアをさせる。その後、「1号車、起立。発表したら座りなさい」と進める。

こうすれば31人、全員発表になる。言えない子はあとでいい。また、真似をしてもいいので、全員言わせる。あっという間に終わる。

このように、あとで発表があるから、見に行った時にボーっと見ないのである。

そのうえで「どんなのを作りたいか、お話ししてごらん」と言う。

口や手が動いていれば、シミュレーションができているわけだから、様子を見ていれば大丈夫かどうかがわかる。

前ページの写真は、制作の順序を言葉で番号をつけて示しているもの。当然、全体に説明もしている。

また、掲示されている作品は以前に1年生を担当した先生が残してくれていたもの。いろいろなパターンの作品がある。

1年生には、このような支援があるととてもやりやすい。完成のイメージが持てるからである。

下の写真は、班の形で制作を行っているところである。「友達のいいところを真似していいよ」と話している。1

年生は、それまでの生活体験に大きく左右される。やったことのない子、見たことのない子は、工夫のしようがない。そのための方策をいくつもうっていくのである。

真似してもいいよと指示しても、でき上がりはみな、オリジナルの作品になる。

⑵図工２：指導はここから！

４年生でも、最初は、基本から教える。まずは、バケツの使い方と置く位置、絵の具バッグの置く位置から指導。ほとんどできていない場合が多い。

もっとも大切なのは、バケツの水の使い方である。これが適当だと濁ってしまう。水彩画は水を使うので、バケツの水が濁っていれば、良い絵にはならない。

そこから趣意説明し、１つずつ確認しながら進める。

大きな部屋は筆を洗うところ。だから、絵の具でバケツは濁る。

次は筆をすすぐところ。ほんの少しだけ色が付く程度。

３つ目の部屋は筆に水を付けるところ。だから、色は付かない。

「階段のようにバケツに色が付くと成功」

そう言ってポイントを板書する。

さらに、筆を３本程度用意すること、バケツの近くには、筆の水分を取る雑巾を用意することも指示。

どれも最初にやっておかないと定着しない。

最初の時間に、その使い方をこまめにチェックしていく。

これだけ言ってもできない子が５～６人はいるのが普通である。

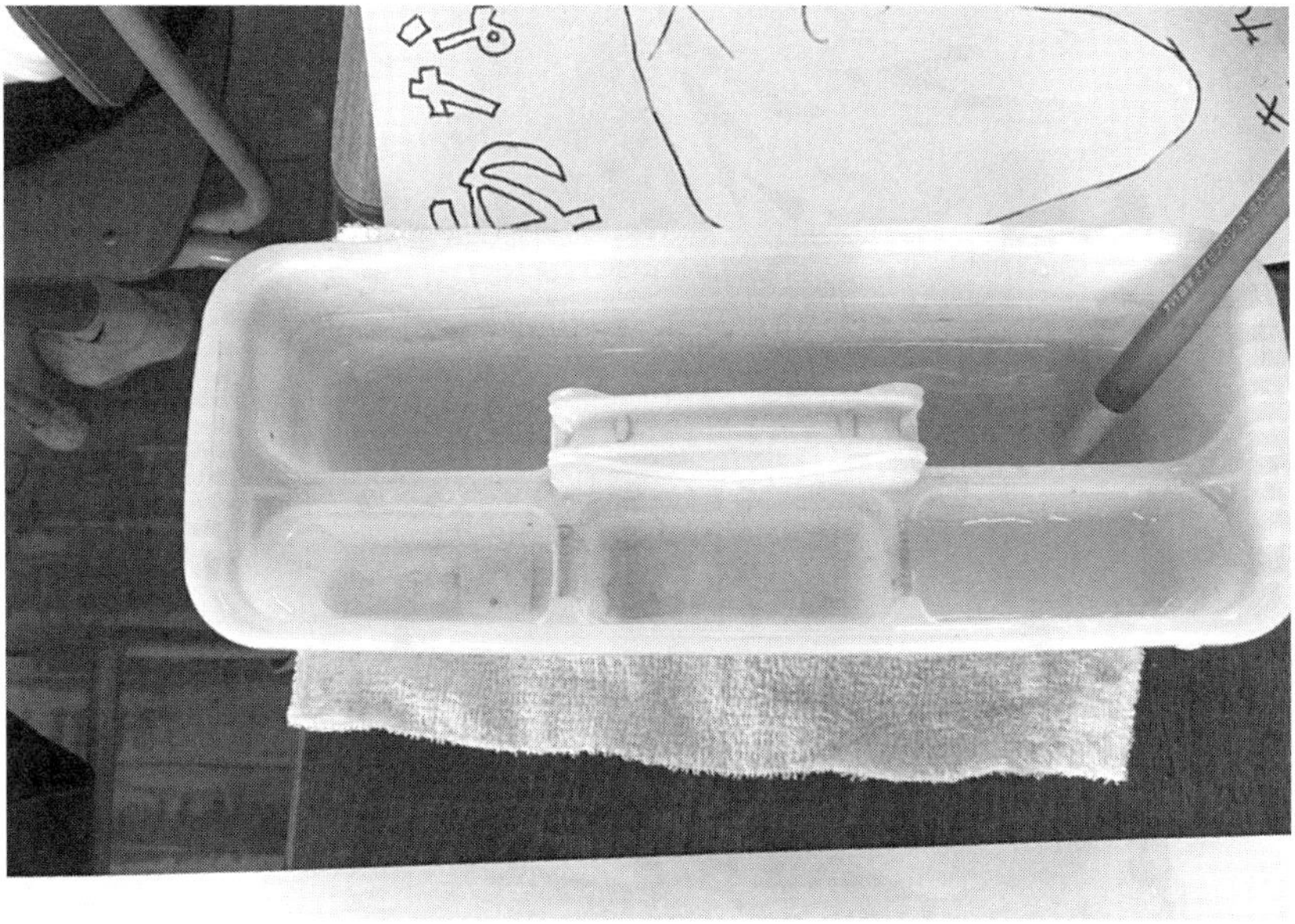

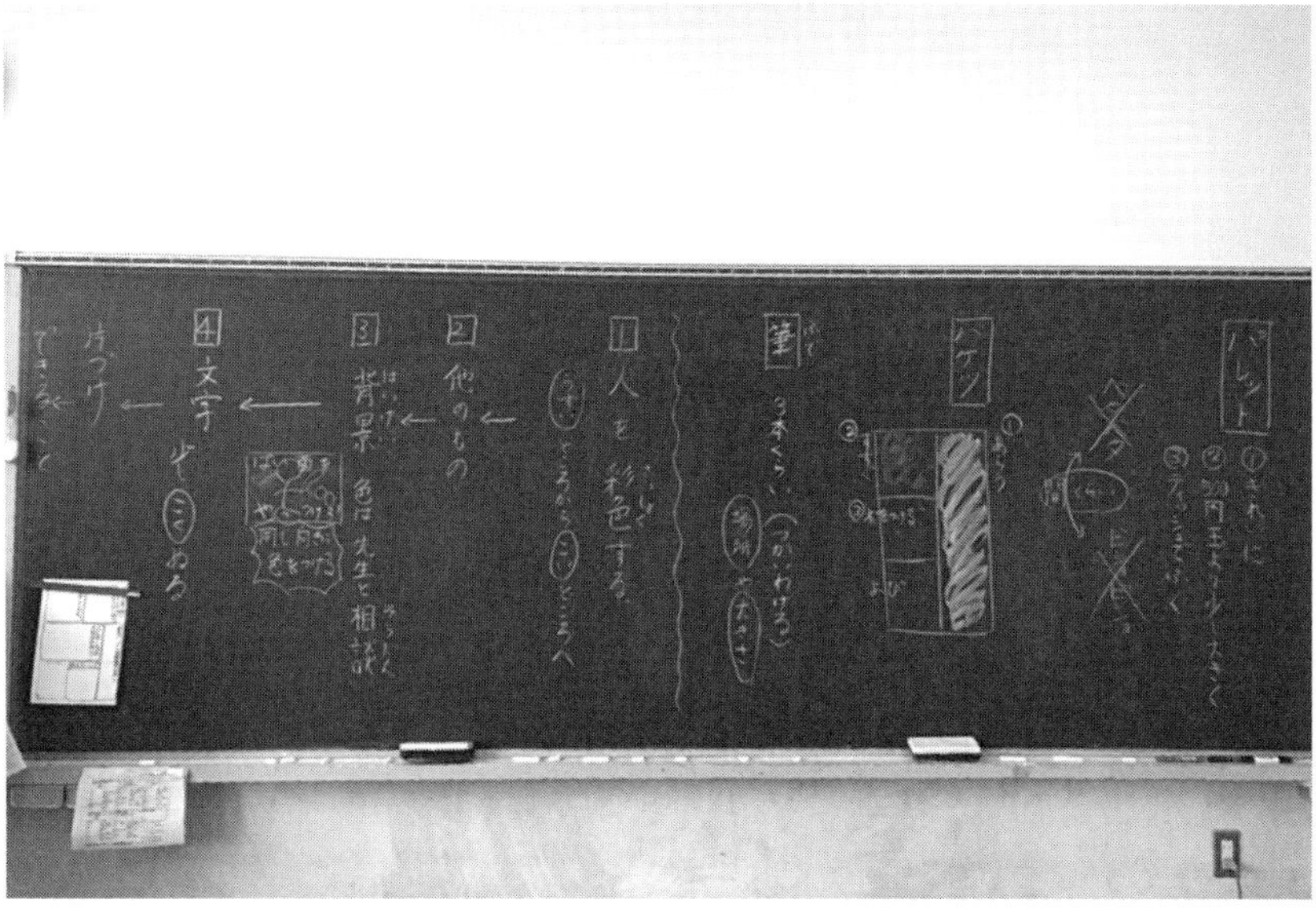
パレット
ハケ
筆
人を彩色する
他のもの
背景
文字
片づけ

(3)図工３：１年生、隙間時間を活用して仕上げ

今日から、作品バックの作成開始。他のクラスは2時間掛けて、面を仕上げている。時間がもったいない。

小野学級は、１時間目に一緒に書いて、あとは隙間時間で行う。

2時間目、国語。教科書音読。漢字テスト。プリント1枚。そのあと、早く終わった人から、作品バックの続き。このシステムで行う。

3時間目は算数。スキルテストと、プリント1枚。そのあと、作品バック。

4時間目は、音楽。楽器のテスト。その合間に作品バック。ここは作業時間が長く取れるので、遅い子も追い付ける。

こうやって隙間時間をうまく使えば、他のクラスの1・5倍のスピードで、しかも、小刻みな作業なので、丁寧に仕上がる。

ポイントは、大きな作品バッグを置いておく場所を作ること。

私は給食台に号車ごとに置かせた。そうすると、取りに来る時、8人のなかから探すのでガチャガチャしない。

これを20人とか30人の束のなかから自分の作品を探させていたら、ガチャガチャと乱雑になる。

04 体育・百人一首

体感させることで動きが変わる

⑴プール開き

プール開きの日。４年生の２クラス。

最初は入水の指導。「ピッ」の笛の音で、プールに背を向けて片足を水に付ける。次の「ピッの」笛で両足を水のなかに入れる。次の笛で肩までつかる。

これをできるまで徹底して行う。

２クラス合同なので、子どもたちはプールサイドに２列に並んでいる。

まず１列が行う。最初の笛の動作が遅い。やり直し。

次に２列。こちらはやや速くなる。しかし、遅いとやり直し。

もう一度、１列。今度はかなり速くなる。各駅停車から特急電車ぐらいに変化する。しかし、それでも遅いとやり直しにする。

子どもたちの「速い」の感覚を変えること

これがなければ、このあとの指導も入らない。２列もまたやり直しとなる。

そして、３回目でようやく合格のスピードになる。笛が鳴る前に、心のなかで「動く準備」をしておかないと間に合わないことを体感させる。

しかし、次の２つ目の笛でまた、やり直しとなる。声が出るからだ。水泳では教師の指示が通らないと指導ができない。それを最初に、指導する。ちょっぴりおしゃべりをしてもやり直し。それを体感させる。

これで、次の時間からは整然と動くようになる。

水泳の練習は、どこでもできるものではない。一生で体育の時間しか泳がないという子もいるだろう。

よって、**できるだけ泳ぐ時間を確保する。量を増やすのである。**

向山型の水泳指導は、

プールが空いている時間を作らない

というのが基本。それを忠実に行うのは難しい。教師のイメージがないからだ。

最初は、横を使って泳ぐ。「けのび」「けのびでバタ足」「クロール」「クロール手だけ」「平泳ぎ手だけ」「平泳ぎ足だけ」というように、変化のある繰り返しで次々と泳がせていく。もちろん、クロールは同じ泳ぎを2回やることもある。そのあたりは、子どもの状態を見て選択すればいい。

イメージしてもらいたい。

横を使って泳ぐ時、プールには両サイドに子どもたちがいる。1列の子どもたちと2列の子どもたちがそれぞれのサイドにいる。

指導のポイントは、次の点だ。

1列が折り返したら、2列が出発する。ちょうど、前の子を追い掛けるように泳ぐ状態を作る。

つまり、2列が追い越したら、今度は、1列が出発する。こうやって、プールに空いている時間をできるだけ作らない。常に誰かが泳いでいる状態にする。

横の次は縦。今度は、コースごとに泳いで、前の人が5メートルラインを超えたら自動的に出発するようにする。

最初は、クロール。何本か終えると、種目を変える。前の子がクロールから平泳ぎに変われば、それを見て全体も平泳ぎに変わっていく。

流れるように進んでいくイメージ。足をついてもかまわない。とにかくどんどん泳ぐ。途中、しんどくなった子は自分の場所で休憩する。そして、いつでも戻っていい。

泳ぐ種目は、クロールと平泳ぎが中心だが、他の種目をやらせる。ちょうちょう背泳ぎや背泳ぎ、バタフライもやらせてみる。

泳げる子に見本を見せてもらい、簡単な動きを確認する。そして、とにかくやってみる。細かい指導はしない。不思議なことに、だんだんと泳げる子が増えてくる。

4年生の2クラスでは、3分の2がほぼ背泳ぎが泳げるようになった。また、半分くらいの子がバタフライも泳げるようになった。泳げない子も、なんとなく泳ぎの形にはなっている。私は何も教えていない。

体育は小脳との関係が大きい。小脳は運動の自動化を行うところだ。意識化にない動きを行うのだ。水泳はまさにそうだ。いちいち考えなくても身体で覚える。頭で考えるのは、もっとレベルが上がってからだ。

ちなみに、私は３歳から水泳をやっていた。小学生の時には他県に水泳の試合で遠征もしていた。市の記録会では表彰台に上がるレベルだった。大学の試験でも、水泳で受検した。

水泳に関しては、それなりのバックボーンがある。

体育の授業で行う水泳指導は、向山型が圧倒的にすぐれている。

ちなみに、４年生２クラス80人の子どもたちは、２人の子が20メートル。２人の子が25メートル。あとはほぼ50メートル以上泳げるようになった。１００m以上泳げる子も約半数という結果になった。

⑵百人一首大会

百人一首大会が週末にある。昼に選手の特訓。速く読む。強い相手同士で対戦するなど様々な特訓の仕方があるが、さらに負荷を掛ける。

1対2や1対3で行う。選手は1の方。相手はボランティアを募る。

いつもは勝てない友達でも2人ならいい勝負になる。また、選手の方も必死になる。最終的には、1対3ぐらいでちょうど良い勝負になる。

このように練習で負荷を掛けておくと、本番で緊張して何もできないということはなくなる。

もちろん、特訓といっても楽しく行っている。真剣ななかにも時折、笑いが起こる感じをイメージしてもらいたい。

本番の県大会では、優勝、準優勝、３位を我がクラスが独占した。

第4章

行事指導

～子どもも保護者も納得！　成功のヒケツ

01 修了式・卒業式

準備と気遣いが差を生み出す

⑴修了式

岡山市は25日が修了式。子どもの持ち帰りの物の計画を２月末には立てておき、何日に何を持って帰るかをノートに書いておく。

１週間前には子どものロッカーはゼロの状態にしておく。お道具カゴくらいしか残っていない。ちなみに、２週間前くらいから、掃除時間に各種返却物などを１つひとつ片付けていく。

転勤が決まっていた年には、３月に入ると、毎日ダンボール２箱ずつ片付けを進め、それを車で持ち帰るようにしていた。全部、掃除時間中に行う。だから無理がない。

デスク周りのよく使う物は最後に持ち帰ることになる。それらは車に積みっぱなしにしておけば良い。転勤先でもすぐに使うからである。逆に早く持って帰った物は、すぐには使わない。だから、家には奥の方にすぐ使わない物、手前の方にはすぐ使う物が並んでいる。これだけでもかなり違う。

２年前の転勤の際には、修了式の日の午後、すぐに茨城へ向かい、セミナーの日に成田からアメリカへ飛び立った。段取りができていると、そのようなスケジュールでもこなせるようになる。

(2)卒業式準備

卒業式準備の日。私の教室は、保護者控え室になっている。この準備は掃除の時間を利用し、教室の片付けと同時進行で行う。なんでもセットで行うのがコツである。さらに、年度末の教室掃除も見越して行っていく。この時点で、年度末に処分する物があればできるだけ捨ててしまう。教科書の返却や各種道具のチェックもすませてしまう。

この日、通知表の所見チェックが管理職から返って来る。朝の書類処理をしながら、すぐに通知表をプリントアウト。その際、修正箇所を直すのと同時に、終了式までの出欠などを入れた通知表をプリントアウトする。もし、休みの子が出れば、その子の分だけ直せばいい。

他の人は、休みが出るかもしれないからと、前日にプリントアウトするようだ。そういう話をしている間に、もうプリントアウトができている。これが差になる。

(3)卒業式

卒業式の日。私は保護者誘導。雨のなか、6クラスの誘導。やはり時間通りにいかない。最初に「雨のため、時間は必ず前後します」ということを強調。「お早めにご準備ください」と伝える。

当初、担当予定であったクラスが、前日になって変わる。理由はモンスターペアレントがいるクラスに当たった女性の先生が相当不安になっているから、というもの。それなら最初からそうしてほしいところだが、二つ返事で引き受ける。

その保護者は入学式で大事件を引き起こし、何度も教室へ乗り込んで来た。

しかし今日は、その保護者もニコニコ顔で過ごしていた。

02 児童会・学年集会

崩壊状態の会が「小野学級」のように変わる

(1) 騒乱状態の児童会

町別児童会の日。

終了後、そのまま地区で集団下校。担当の班は60人くらいいる。

担当教師は、私ともう1人。この先生のクラスは崩れている。

こういう時、集まったらおしゃべりが止まらない。昨年はほとんど崩壊気味だった。私は支援を要する子についていたため、全体指導はほかの教師。

同じ地区を今年は私が担当。1年生で迷子になってる子の対応で少し遅れていくと、もう1人の先生が指導中。騒乱状態だった。

そこで、私が交代。

「立ちなさい」と大きな声で言う。3分の1くらいが立つ。それを見て、のっそりと立つ子が3分の1。

「えー、立つの？」と言っている子もいる。

もう一度、「立ちなさい」と言う。これで残りもやっと立とうとする。

すぐに「座りなさい」と座らせ、もう一度、立たせた。

今度は、さっきより少しマシになった。そしてまた、座らせた。

「ここは教室ではありません。たくさんの人が集まっている時は、人の時間を奪うことはしない。一瞬でやりなさい。起立！」とやった。

これで早くなった。

早い子、黙っている子を褒めて、おへそを向けさせた。また、早い子を褒めて、話を始めた。途中、勝手に意見を言う子がいるので、手をあげるように指導。そのあと、発表したその子の内容を褒める。

あとは、スムーズに進み、一緒にいた地区担当の保護者４人も頷いて見ていた。

(2) 2年目で小野学級のように

再び、町別児童会。

前年に引き続いて同じ地区を担当。約60人。登校班は６班ある。

昼休みに図工室に行き、黒板に地区のどの班がどこに座るのかを書いておいた。

今までは、自分の好きなところに自由に座っていたので、おしゃべりが止まらなかった。

班長と副班長の場所も指定。これで、どの班の班長や副班長が来ているのかがすぐわかる。班への指示も出しやすい。

さらに、図工室についたら何をするのかを書いておく。やることが明確であれば遊ぶ子が少なくなる。

各自が持ってきた用紙の記入、確認ができたら黙って待つと板書。

少し遅れていくと、どの班も一生懸命やっていた。

そこで、班長６名を呼ぶ。早くできるように、１年、２年の子を手伝うよう指示。できたら、おへそを前に向けさせて座らせる。

できたら合図を送るように指示。動きが加速する。女子の班が早い。大きな声で褒める。男子も必死になる。

全体を褒めて、必要なことを確認していく。おしゃべりがあると、話を止める。そのうち、おしゃべりもよそ見もなくなっていく。

あっという間に終了。大いに褒める。

外に並び直すのも、班ごとに行う。できたら私に報告。確認したら座らせる。

あっという間にできる。全校1200人のなかで一番早い。うちの班の半分くらいの人数しかいない班よりも早く集合ができていた。

みんなニコニコ顔で集団下校。交通部の役員の方もとても喜ばれていた。

一昨年は騒乱状態だった班が、今年はこんな感じになった。

私は担当2年目。昨年から指導して、今年はもう小野学級のようになっている。

(3) 水を打ったような学年集会になるもう1つの仕掛け

ある日の学年集会。

200人が集まり、1人も話さないシーンとした状態が作れた。おそらく、この学年の子たちは初めてなのではないだろうか。2年生でも、3年生でも、ずっと騒いでいた。

私のクラスを一番に集会室に行かせる。座って黙って待たせる。次は主任のクラス。最初に来ているクラスが静かにしていると、次のクラスも静かになる。

2クラスがシーンとして待っている。

静寂が続く。そこに、3クラスがやって来る。あとから来た子どもたちは、入った途端に異変に気付く。全体が水を打ったような静けさなのだ。

こうやって、全体が静かな状態になった。流れは以下である。

1. 私が司会をした。
2. 最後のクラスが座った瞬間に話し始めた。静寂の間に、主導権を取る。
3. 最初の学年開きと比べて成長したと、力強く褒めた。
4. たくさんの人が集まった時には、口を閉じて待つのが大切なマナー。4年生では、学校の外に行く機会が多い。社会科見学、宿泊研修。そういう時の絶対の条件。それが、もうでき始めている。趣意説明をし、さすがだと褒めた。
5. 約1時間の集会。分担して各担任が話していく。担当が変わるたびに、だらけそうになる前に私ができている子やクラスを褒めていく。
6. 最後にもう一度、全体を褒めて終わり。

——以上である。

03 運動会・地域行事

子どもはやらせれば、できるようになってくる

(1)運動会１：リレー練習

リレーの練習の1時間目。

集合に時間がかかる。おしゃべりが止まらない。

それを予想していたので、全体を４つのブロックに分けて、それぞれのブロックに担当の先生を配しておいた。私は前で立っているだけ。

一番早く座ったのは、主任のブロックだった。そこへ行って、立つ、座る、駆け足の練習。

そうすると、他も次々とそろってくる。

こういう時は待たない。早くできたブロックを活動させてモデルにしていく。

その後、ブロックごとに駆け足、止まれ、の評定。

合格したところで、全体を同時に評定。10点満点で点数を付ける。

次に全体をバックストレートの位置まで下げた。そこから止まれの位置まで走らせた。入場の終末局面を練習させるためである。

これができれば、入場の練習はほぼクリアである。

もうこの時点では、テキパキと進んでいる。

4つのブロックに分かれているので、4つのレースを行い、座らせた。

ここでも興奮しておしゃべりが止まらない状態。

なので、立つ、座る、全体止まれの合図を出して、ブロックごとに評定。

合格したら座らせていく。

全体が座ったところで、次の練習の集合について確認。予定の時間より7分前に終了。だらだらやらないから、全体が集中する。

(2) 運動会2：入場行進、なし！

運動会の前日準備。

リレーを4チーム作るので、そのチームごとに水筒入れや荷物入れを作る。

厚手で便利な青い袋を100円ショップで購入。

運動会の前の日でも、いつも通り授業は進める。

理科のワークシート。へちまの観察。

この観察をしていた時に、支援員さんがついて来ていた。昨年もこの学年の授業に入っている。ぐちゃぐちゃになっていたとのこと。全く子どもの様子が違うと驚いていた。

支援学級の3人の子もみなきれいに観察のワークシートを書いていた。

これも、昨年まではどの子も書くことを拒否していたらしい。事実は強い。

運動会当日。

本校は１２００人と大規模であるのにグラウンドが狭いため、テントを立てられるスペースがあまりない。ということで、近くのドーム型の多目的施設を借りて運動会。屋内なので、割と涼しい。当日の気温は33度だが、室内は快適。汗もかかない。

しかも、午前中で終了。これが最高！　1年生も最後まで体力が持つからだ。

秘訣は、

入場行進はなし。入場門も退場門もないこと。

自分の応援席からいく。

ちなみに、開会式、閉会式の練習もない。一発勝負でも、何も困らない。

12時30分には終了して、保護者に引き渡しをする。ドームの片付けを終えて、13時30分。学校に帰って14時から確認の会を兼ねて軽食を食べる。

運動会をしたドームから学校に戻り、食事を取るまでの時間に市で指定されている自己目標シートという書類を書く。管理職に提出する物。すぐに印刷。

軽食を食べながら、学年の先生と雑談。私は早く食べ終わったので、雑談をしながら、教育相談週間のお便りを作成。地区ごとに残して、教育相談をする。その日程を知らせる手紙である。氏名印を地区ごとに押していくだけ。雑談をしながら完成。

さらに、余った時間で、教室用に新しく買った棚の組立と設置を10分で完成。そして退勤。

いずれの仕事も、朝、運動会が行われるドームに行く前に、すぐに作業ができるように下準備だけしておく。目標シートは、文書をパソコン上に出しておく。昨年度のコピーを机上に用意。教育相談の文書は、児童の氏名印を机上に用意。元の文書はプリントアウト。新しく使う棚は、教室の前の廊下に運んで、箱から部品を出しておく。

これらの作業の途中で出発。だから、帰ってきて続きをする感覚。運動会の前後の隙間時間で終了。料理の下ごしらえと同じ。事前に、途中まで進めているから、あとですぐに始めることができる。

これを、その時になって準備を始めているから労力がかかる。

(3)地域の行事

地域の祭りで、4年生の希望者が運動会で行ったソーランを踊ることになっている。

この日は、その前日練習。本番で踊る時には、運動会でそろえたTシャツを着ることになっている。今日の練習後、そのTシャツを配る。

37人分全員のTシャツを私が保管していた。今日、練習に来ているのは22人。

さて、どうやってTシャツを渡せば効率的だろうか？

全員の分を集めた時は、誰がこのお祭りに参加するかはわかっていない。たたんだ状態で、サイズや番号順など関係なく集めている。

練習のあった体育館には、Tシャツが入った袋をそのまま持っていっている。

配る準備は何もしない。全てその場でやる。

しかし、どこよりも早く配ることができる。

以下のように行うのである。

①まず、全員に趣意説明。37人のTシャツがバラバラで入っている。協力して配付する。その際、名前を見て、その人に渡す。いない子の分は、きれいに畳んで前に出す。

②そうやって次々にTシャツを渡していく。１人に２枚ずつほど。これもだいたいパッパッと次々に渡すイメージ。これを子どもに取らせると、ぐちゃぐちゃになってしまう。

③踊りには出るが、その日、休んでいる子がいる。その子のTシャツは、翌日渡す必要がある。よって、別の場所に置かせる。休んでいる子が４人。その子の名前をだいたい２回くらい復唱させて覚えさせる。

④他の子のTシャツは、袋のなかにきれいに畳んで入れさせた。早く自分のTシャツが見つかった子に、袋の担当になってもらって、きれいに入っているかを確認してもらう。全員が配り終わった時には、片付けまで全て終了。

できるだけ子どもたちにやらせている。
失敗したら、こちらが手伝えばいい。
子どもはやらせればできるようになってくる。
これも経験。
そうやって、子どもたちの力を付けていく。

第5章

仕事術の鍛え方

～共に学び、より力とスキルのある教師になるために

1〜4章にわたって、私なりの仕事術について、実例とともに、私がつかんだ原理を紹介してきた。

私は現在、ＴＯＳＳという教育研究団体の岡山県代表・中国代表・サークル代表・中央事務局関係の仕事の責任者を同時に務めている。学校での教師としての仕事のほかに、ＴＯＳＳの各種報告業務だけでも、常に10を超える仕事がある。

私はＴＯＳＳで学びながら、自身の仕事術を作りあげてきた。

この最後の章では、そのことを少し紹介させていただこうと思う。

01 イベント・セミナー

先読みして「段取り」と「準備」を

(1)イベントの段取り

写真はサークル主催で行った合宿の部屋割りの要項である。私が手書きで作成した物で、ざっと書いているように見えて、実は色々と考えて書いている。ポイントは以下である。

①コピーして渡すから、色が使えない→太字で対応。
②部屋割りは、普通は自分の部屋しかわからないが、一目瞭然になるよう作成。「ここは誰かな?」「○○さんの部屋はどこですか?」とならずに済む。
③担当者が一覧になっている。
④鍵を返す人までこの時点で確定されている。
⑤食事会場の場所、ブレスト会場の場所、差し入れをどこに運ぶかまで書かれている。
⑥おおまかな日程がある。
⑦道案内、駐車場アドバイスがある。
⑧温泉、お土産など知っていたら嬉しい助かる情報がある。

要は、参加者が知りたいことを先読みしてまとめ、質問が出ないこと、そして気遣いを感じる、もらって嬉しい要項になることを意識している。

(2) セミナー準備

あるセミナーでは、朝、やることを決めた。もちろん、コ

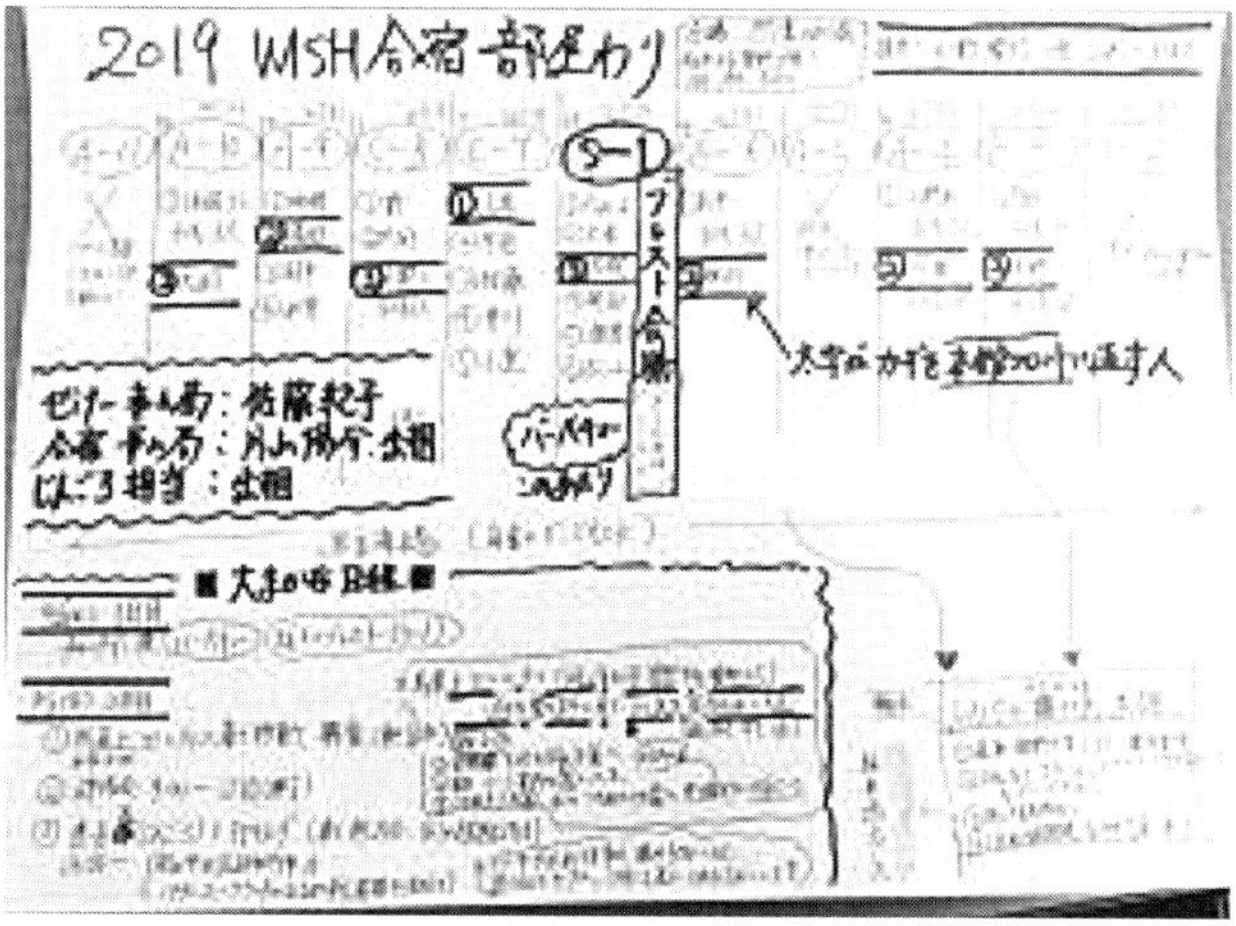

ンテンツやパーツはたくさんある。そのセミナーの内容にあった物を選択し、加工する。

新たに作ることもあるが、その場合も素材となる物は事前に集めておく。それには学校の隙間時間、移動の時間、待ち時間を活用する。

それをセミナー当日の朝、組み立てる

セミナーのためにじっくり準備を重ねてというのは、よほど大きなセミナーの提案以外は難しくなってきた。

ただ、大きなセミナーの提案では、多くの素材を捨てていく。

捨てるというのは、今回は使わないだけで、役に立たないということではない。その捨てる１つ１つが40分くらいの講座になる内容である。

そうやって取り組んでいくうちに、私は今のような生活になった。

(3) あるセミナーで

以下は、ある年のセミナーでの私の登壇予定である。

・セミナー１日目

①算数授業

②特別支援教育のトークイベント

・セミナー2日目
①道徳授業
②日中、会議
・セミナー3日目
①講師
②都内某所にて映像収録（2時間）

これらの準備を全て同時進行で行う。

右記の道徳というテーマで登壇した際には、コンテンツを作り始めたのは2日前くらい。前日の別のテーマの授業を準備しながら、翌日の道徳の授業の準備をする。前日夜はトークイベントがあったため、本格的な準備は23時ごろから。

24時を回ってから、欲しかった内容の論文が見つかった。これで、やっと授業の方向性が確定。深夜1時くらいから仮眠を取り、4時ごろからまた始める。結局、全てが確定したのは授業の15分前。

いつもこんな感じである。

授業の合間に、別案件の会議。その場で、担当の先生方と方向性を確認。その場で行うのがミソである。

02 チームの仕事

かけがえのない仲間たちと共に

(1)協働作業

私には、日々、研鑽を積み、知的な生産を共にする仲間たちがいる。

そのチームでの協働作業について、少し紹介したい。

協同作業では、それぞれの項目ごとにチーフを決める。

重要項目には、サブメンバーがつくこともある。

作業で大切なのは経過会議である。1時間あるいは1時間半ごとに全員が集まって、進行状況をシェアしていく。

こうすることで、作業の密度が上がる。

さらにシェアすることで、メンバーからの助言や新しい観点での意見があり、次の作業を進めていくうえでの大きなヒントとなる。

だから、この協同作業では、決してやらせっぱなしにはしない。

またホワイトボードにも、誰が何の作業を行っていて、今どこまで進んでいるかを記載し、見える化している。

これも作業効率を大幅にアップさせている。

以下は、ある日の検討課題である。
①セミナー用の授業作り
②動画撮影の準備
③HP会議の企画
④各種、音声CD収録
⑤算数授業研究
⑥特別支援・医教連携セミナー準備
⑦各種書籍プロット作り……等々
これらを全て同時進行で行う。

昼食も持ち寄りで、食べながらの打ち合わせである。

(2)遠隔地のメンバーともハングアウトで

チームには遠隔地のメンバーもいるためZoomも活用して会議を行う。

Zoomを使っての会議はおよそ1週間に1回のペースで行われる。

ここでは、進行状況の報告と情報のシェア、新規企画の提案がほとんどである。

平日の夜に行っているので、そんなに時間も多くとれない。だから報告がメインとなる。

この会議自体、それぞれの仕事のデッドラインになっている。

ここで大切なことは、1週間後までに何をするのかを確認するということである。それが次の会議まで

の作業となる。

それも全体にオープンにしておくから、各自が取り組もうという気になる。

そのような会議で検討されたある日の議題は以下である。

①大舞台での授業パーツ作り
②岡山参加者の分科会参加の割り振り
③掛川の仕事分担
④新資料作成
(1)小野の1年生への指導
(2)学級の荒れへの対応
(3)ＷＩＳＣの読み取り解説２枚、それぞれの収録とＣＤ作成
⑤合宿のＣＭ撮影
⑥資料ＣＭ撮影
⑦春に行う合宿の打ち合わせ、会場との折衝
⑧岡山ＭＬの更新作業
⑨サークルＭＬの更新作業
⑩ライン企画の打ち合わせ、確認作業
⑪書籍等、物販の打ち合わせ、段取り
⑫小野講座、確認

私たちはこのようにして、前述のとおり基本的に週1回、ハングアウトで会議を行い、月に1回集まっ

て作業を行っている。

仕事の評価は、応答の早さをふくめ、1にスピード、2にスピード。

学校の感覚は一般の感覚ではない。「学校の普通」は通用しない。

レスポンスのスピード＝仕事

である。

私はチームの仲間たちと共に、日々を駆け抜けているように感じている。

仲間たちには、感謝しかない。

あとがき

私が仕事術に興味を持ったのは、新採用当時にセミナーに参加したことが大きかった。

目の前で講演をしている講師の先生方がまぶしかった。

自分もあのような仕事がしたいと思った。

当時の私は、仕事が早く終われば自分が得をすると思っていた。

しかし、その考えは間違っていたことに気付くようになる。

アンケートを早く出すようになって、担当の先生に感謝されたことがきっかけだった。

「もう出してくれたの？　早いから助かるわ」

「早いから助かる」という概念が自分にはなかった。しかし、その言葉で、担当の方からしてみると早く集まればそれだけ自分の時間が生み出せるということが理解できた。

仕事が早くなるということは、まわりも幸せにするということなのだ、と。

そこからは、さらに仕事術に関することに興味を持ち始めるようになった。

もっとも多くを学んだのは、師匠である向山洋一先生からである。

向山先生の本のなかには、仕事術に関する記述が多くある。向山先生の仕事術には、特徴がある。

時間を掛けないのに、仕事の質が上がる。

教師になり始めの頃、私は大きな勘違いをしていた。

仕事というのは、時間を掛ければいいものができる。時間を掛けないのは適当にやっているのと同じで、良くないやり方なのだ、と。

その概念は、向山先生の仕事術を学んで、見事に崩れさった。

例えば、通知表の所見の書き方がそうである。ノートの見開き2ページに名簿を貼って、そこに所見のメモを書き込んでいくというもの。運動会や学習発表会などの行事はもちろん、何か熱中した学習などの一場面を文で書き込んでいく。その日に、その場で書き込む。まさに「その場主義」である。

それを通知表の所見欄に転記していけば所見が完成する。やってみるとよくわかるが、あっという間にできる。しかも、実際にその場面を切りとっている文は、その子が映像で浮かんでくるような生き生きとした表現になっている。

今までの10分の1以下の時間で、今までの何倍も素晴らしい所見が完成する。これこそが、仕事術の神髄であると感じた。

そのような向山先生から学んだことを、自分のその場その場で与えられた仕事に転用したのが、本書の内容になっている。この本の着想は、向山氏の仕事術がベースになっているのは言うまでもない。

本書を執筆することができたのは、向山洋一先生にご指導いただいたおかげである。この場をお借りして深く感謝申し上げたい。

また、TOSSの多くの先輩からも、仕事術について学んできた。

「**コピーを取る時も何か一緒にできることはないかを探している**」

これは兵庫の松本俊樹氏の言葉である。20代の頃の私にとって衝撃だった。

この言葉から、私は仕事をセットで行うことの着想を得た。運動会のポイント抜きと陸上のポイント打ちを同時に行ったのも、もともとは松本氏のこの言葉から来ている。

ちなみに松本氏は、私が小学校5年生の時に、我がクラスに教育実習生として来られていた恩師でもある。小学生の頃から社会人の今にいたるまで教えを受けていると思うと、感慨深いものがある。

また、長崎の伴一孝氏の言葉も私を大きく変えた。

「5年前の自分が、今の仕事を抱えていたら潰れていた」(文責：小野)

これは、伴氏が当時出していた機関誌に載っていた、ある一文である。

当時20代の私にとって、信じられない言葉だった。全国を飛び回り、何でもできるあの伴先生が、5年前には今の仕事は無理だったと話している。

ならば、自分も頑張れば、5年後には今とは違う自分がいるはずだと思えるようになった。

どんな仕事でも停滞する時期がある。自分の仕事に伸び悩みを感じる時期がある。その時期を乗り越えると、また新たなステージが待っているのだが、そのことの渦中にいる時は気付けない。

伴氏の言葉を目にしたのは、ちょうどその時期だった。すごく勇気付けられたのを覚えている。それからも、折りにふれ、伴氏から多くの教えをいただいてきた。心より感謝申し上げたい。

また、本書の着想から執筆にいたるまで、学芸みらい社の小島直人氏からは常にあたたかいサポートをいただいた。なかなか筆の進まない私に、一貫して励ましの言葉を掛けてくださった。相手を尊重する仕事というのは、このように進めるのだということを学んだ。

仕事術の本を書いている自分が、こんなに執筆の仕事が遅くていいのかと自問自答しながら、なんとか完成にこぎつけることができた。

この本が、教育現場で奮闘する多くの先生方のお役に立てるなら幸いである。

小野隆行

先《せん》生《せい》を救《すく》う
[時《じ》間《かん》が増《ふ》える] シンプル仕《し》事《ごと》術《じゅつ》

2020年2月10日　初版発行
2021年2月25日　第2版発行

著　者　小野隆行
発行者　小島直人
発行所　株式会社 学芸みらい社
〒162-0833 東京都新宿区箪笥町31 箪笥町SKビル3F
電話番号：03-5227-1266
FAX番号：03-5227-1267
HP：http://www.gakugeimirai.jp/
E-mail：info@gakugeimirai.jp
印刷所・製本所　藤原印刷株式会社
ブックデザイン　吉久隆志・古川美佐（エディプレッション）

落丁・乱丁本は弊社宛お送りください。送料弊社負担でお取り替えいたします。

ISBN978-4-909783-18-9 C3037